ビジュアルストーリー

世界の陰謀論

＊本書は、英 Flame Tree Publishing 社の書籍「Conspiracy Theories」を翻訳したものです。内容については、原著者の見解に基づいています。今後の研究等で新たな事実が判明する可能性もあります。

ナショナル ジオグラフィック協会は1888 年の設立以来、研究、探検、環境保護など1万2000件を超えるプロジェクトに資金を提供してきました。ナショナル ジオグラフィックパートナーズは、収益の一部をナショナルジオグラフィック協会に還元し、動物や生息地の保護などの活動を支援しています。

日本では日経ナショナル ジオグラフィック社を設立し、1995年に創刊した月刊誌『ナショナル ジオグラフィック日本版』のほか、書籍、ムック、ウェブサイト、SNS など様々なメディアを通じて、「地球の今」を皆様にお届けしています。

nationalgeographic.jp

ビジュアルストーリー
世界の陰謀論

2019 年7月8日　第1版1刷

著者　マイケル・ロビンソン
翻訳者　安納 令奈
編集　尾崎 憲和、田島 進
編集協力　小葉竹 由美
装丁　渡邊 民人（TYPEFACE）
本文デザイン　清水 真理子（TYPEFACE）
制作　朝日メディアインターナショナル
発行者　中村 尚哉
発行　日経ナショナル ジオグラフィック社
〒105-8308 東京都港区虎ノ門4-3-12
発売　日経BPマーケティング

ISBN978-4-86313-437-9
Printed in Malaysia

ビジュアルストーリー

世界の陰謀論

マイケル・ロビンソン 著
安納 令奈 訳

日経ナショナル ジオグラフィック社

GRUINARD ISLAND
THIS ISLAND IS
GOVERNMENT PROPERTY
UNDER EXPERIMENT
THE GROUND IS CONTAMINATED
WITH ANTHRAX AND DANGEROUS.
LANDING IS PROHIBITED
BY ORDER 19

Contents
もくじ

はじめに

『オックスフォード英語大辞典』で【陰謀】の項を引くと「秘密の計画。法に背くあるいは社会に害を与える何かを、特定のグループがくわだてること」とある。一般に「陰謀」とは政府、企業、メディア、秘密組織が画策するものであり、こうした組織が発表する情報を疑う人たちを「陰謀論者」と呼ぶ。陰謀説の根底には、「さまざまな出来事はすべて誰かの思惑に操られている」という発想がある。陰謀論者に言わせれば、この世界に偶然起きた出来事などなく、表に出る情報はまやかしであり、裏ではすべてが陰謀でつながっている——だからこれは一種のパズルで、その謎は陰謀論者あるいは陰謀説ファンでなければ解けない、という。わかりきったことだが、陰謀説と秘密主義はコインの裏表だ。陰謀論者からみれば「新世界秩序」の文脈で必ず登場するイルミナティなどの秘密結社は、絶対的な権力を握っている。ほかにも、存在自体は有名だが、活動内容は謎に包まれたビルダーバーグ・グループを引き合いに出す人もいる。

「恐怖」という時代の空気

現代に陰謀説が登場するようになったのはおそらく、第二次世界大戦のあと。冷戦下の時代、国家の安全保障や治安維持についてさまざまな事情から、事実を一般国民に隠さざるを得なかったのだ。“ベッドの下に隠れている共産主義者”への恐怖がさまざまな形で西側諸国に広まったころ、ソビエト連邦の圧力に脅威を感じた西側政府は、その恐怖心をプロパガンダのツールとして利用した。特にこうした策略の糸を引いていたのが米国の上院議員、ジョゼフ・マッカーシー（1908～1957年）やFBI長官だったJ・エドガー・フーバー（1895～1972年）だ。1950年代半ばにマッカーシズムが衰え、マッカーシー議員も批判されるようになると、政府の誠実さや透明性に多くの人が疑問を持ち始めた。

1964年に書かれ、いまなお有名な論文がある。その著者、ピューリッツァ賞受賞作家リチャード・ホフスタッター（1916～1970年）は次のように語る。「センセーショナルな誇張や疑惑、それに陰謀にまつわるファンタジー」が、「米国政治の被害妄想的な発想」を育み、しかもその発想は「良い理由よりも悪い理由に飛びつきたがる」。この論文が書かれたのは、1963年のケネディ暗殺の直後。そのときに、大統領は大きな権力に消されたという考えが世間に一気に広まった。

陰謀のカルチャー

現在、このケネディ暗殺にまつわる陰謀説は少数派の意見ではない。世論調査によれば、米国民の３分の２が暗殺の裏に黒幕がいると信じている。暗殺事件後、なぜ時を経て人々の考えが変わったのだろうか。理由の一つに、陰謀説を扱った本が多数出版されたことがあるだろう。一般向きの本では、たとえば『陰謀だ！疑うべき49の理由、信じるべき50の理由』（2012 年、原題：*Conspiracy! 49 Reasons to Doubt, 50 Reasons to Believe*）や、『絶対に明かされない世界の未解決ファイル99』（2015年、原題：*100 Things They Don"t Want You to Know*）などがあり、一般大衆の興味や関心に応え続けている。ドキュメンタリー映像も続々と出た。本書でも取り上げる『カウスピラシー: サステイナビリティー（持続可能性）の秘密』、世界中でヒットした映画『ダ・ヴィンチ・コード』（2006年）などの作品は、陰謀説を世に広く知らしめた。陰謀説はたいがい妄想によって広まる。しかし、陰謀説がこれほど急速に盛り上がった大きな理由に、新しい千年紀（ミレニアム）や「至福千年説」を信じる人たちの存在があった。

米国の陰謀カルチャーに関する第一線の学者、マイケル・バークン（1938年〜）によると、至福千年説の考えは陰謀説と「互いに補強」し合い、一体化しやすい。1000年ごとに社会に変化が起きると信じる至福千年説はふつう、キリスト教の教えや文化の一部と考えられている。至福千年説を信仰するキリスト教徒は、現代の「世界の指導者」たちを、聖書に書かれた反キリストの化身とみなすらしい。同様に、キリスト教徒以外の至福千年説信者、たとえばマルクス主義者ならば、同じ「世界の指導者」を資本家という観点でとらえ、陰謀の首謀者だと見るのだろう。キリスト教とマルクス主義は、それぞれ『聖書』と『資本論』を基に教義を広める。ところがバークンによると、神学的発想と非宗教的発想の境界線はいまやあいまいになり、彼はこれを「なりゆき任せの至福千年説」と名づける。この「なりゆき任せ」の新しい至福千年説の発想からは、いままでの常識を覆す陰謀説が生まれやすい。

情報の新しい時代

新しいミレニアムに降ってわいた、最初の、そして最も注目すべき陰謀説は、９・11事件をめぐるものだ。これについては

このあと本書でも紹介する。それをここであえて取り上げるのは、この事件を機にどうやら陰謀説の流れが変わったからだ。この事件について、さまざまなメディアを通して政府が情報を発信した。その情報をつぶさに検証したのはインターネットであり、とりわけ個人ブロガーのサイトだ。本当のことは一般市民に隠されていると言っているのは、もはや少数の陰謀論者だけではない。陰謀説ファンはいまや社会全般にいて、さまざまな話題について意見を述べ、コメントを交わしている。マイナーだったものが主流となり、誰もが意見を持つようになったのだ。この本の読者もおそらく、自分を陰謀説ファンだとは思っていないだろう。にもかかわらず今、この瞬間、この本を読んで陰謀説について知ろうとしている。あなたは、ちょっとしたことをきっかけに、今まで知っているつもりだったことを疑うようになったのだ。

現代では、もはや陰謀説はポップカルチャーの一部となり、たいがいの人が何らかの意見を持つ。裏に何か陰謀があると考えても、それ以上深入りしない人もいれば、積極的にこのテーマにかかわって議論しようとする人もいる。ごく少数かもしれないが、真実を暴くためにみずから危険に飛び込む人もいるだろう。

陰謀が陰謀を呼ぶ

おおまかに分けると、陰謀説には３種類ある。第１は、ケネディ大統領暗殺のような特定の事件にまつわるもの。第２は、何らかの組織、たとえば石油業界やフリーメイソンなどの秘密結社がくわだてたものだ。第３に、バークンが“超・陰謀”と呼ぶものがある。その世界では、いくつもの陰謀が渦巻き、それを一つの強大な悪の力が牛耳る。その代表例は、有名な陰謀論者デビッド・アイク（1952年〜）が広めた、俗に「レプティリアン（爬虫類人）・エリート説」と呼ばれるものだ。

そもそも陰謀説は、ニュースとともに発展した。その中では、悲劇的で謎に包まれた事件について、もっともらしい真相が語られる。ウェールズ皇太子妃ダイアナの死がその典型だ。ダイアナ妃はイギリスの王室一族によって殺された、という説。これは何者かが仕組んだ陰謀で、事件の真相はおそらく、“超・陰謀”に入るのだろう。エリザベス女王もいわゆる“レプティリアン・エリート”の一味だといわれているからだ。イギリスの王室一族がダイアナ妃を殺したとしたら、華やかでセンセーショナルだ。この説をいくら捜査当局が否定しても、そこには不穏な世相や、政府つまり権力層への不信感が反映されているので、陰謀説はなくならない。

作家のジェシー・ウォーカー（1970年〜）は、また別の定義で陰謀を分類する。「敵は外部」（あるコミュニティーに対して陰謀を企てる外部者）、「敵は内部」（コミュニティー内部で陰謀を企てる身内）、「敵は上」（私腹を肥やそうと事件を操作する権力者）、そして「敵は下」（社会の上の階層をひっくり返そ

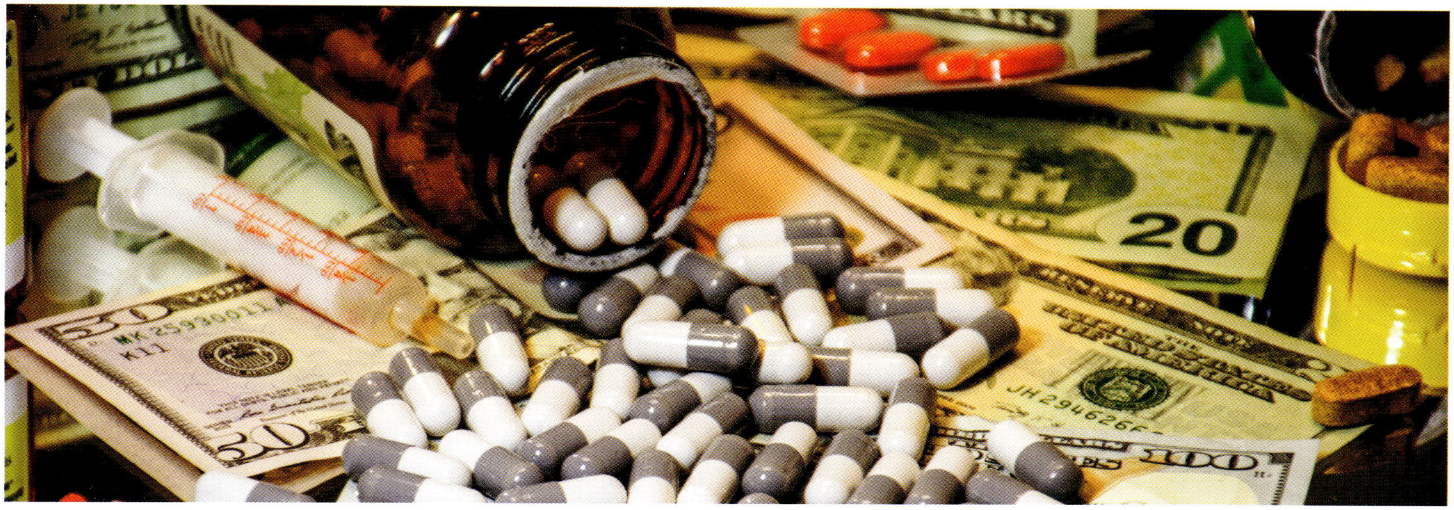

うと陰謀を企てる下層階級）である。この４つには、共通点がある。その陰謀の首謀者らしき人物が、悪意を持っているのだ。

別のタイプの陰謀説に、歴史修正主義に近いものがある。このタイプの陰謀説を信じる人々は、従来の定説を疑う。たとえば、シェイクスピアにまつわる謎だ。ストラトフォード＝アポン＝エイヴォンの片田舎に住む一介の手袋屋のせがれに、あれほど素晴らしいソネット（14行詩）や、宮廷生活を舞台にした戯曲を書けるはずがない、という。歴史修正主義のわかりやすい例にはほかに、ホロコースト（ナチスのユダヤ人大虐殺）の否定や、聖書の歴史にまつわる疑惑がある。どちらも、陰謀説のテーマとしてよく取り上げられる。

疑惑を疑う

陰謀説を信じない人もいる。彼らは陰謀を信じる人を、考え方がおかしい人か、単なる反体制派と見る。陰謀説好きは社会的な弱者で、教育も十分に受けておらず、低所得者が多いのだという。

人がこうした陰謀説に惹かれる理由を、心理学者が最近になって解明しようとしている。いわく、人は陰謀説を信じることで、自分ではとても手に負えない問題と折り合いをつけようとしているのだという。英国のケント大学の心理学教授で陰謀論が専門のカレン・ダグラス教授によると、人はふつう“大きな事件には大きな説明”を求める。単純で説得力のある説明では納得できず、何らかの事実を突き合わせてもつじつまが合わないような場合に、こうした手の込んだ陰謀説を求めるのだという。現在の風潮として特に目立つのは、一つの事件に何通りもの陰謀説があり、それがインターネット上で一見、うまく共存している現象だ。ダグラス教授は例として、ウサマ・ビンラディンの死を挙げる。公式発表を疑う多くの人は、パキスタンでの暗殺劇は仕組まれたもので、ビンラディンはその前に死んでいた、と考える。ビンラディンはまだ生きている、と信じる人たちもいる。教授によると、陰謀説のパターンは、人々が内心何を求めているかによって、変わるらしい。

陰謀説を探求する

本書では、人々をいまも魅了してやまない有名な陰謀説や謎について、数多く取り上げる（中にはマイナーなものもある）。陰謀説の歴史は古く、何世紀も前から存在する。社会現象となった20世紀を経て21世紀の今なお、陰謀説は色褪せることなく人々の好奇心をかき立てている。

科学の

陰謀

宇宙

21世紀になっても人類の手に負えない大きな疑問。それが「宇宙のどこかに私たちのような生命体はいるのだろうか？」だ。驚くべきことに早くも2世紀のころ、サモサタのルキアノス（125～185年ごろ）がまさしく同じ疑問を、その著作『本当の話』で問いかけていた。この本は俗に、世界初のSF小説といわれている。人々が宇宙旅行や宇宙人に抱く熱い思いは、近代になり続々と世に出るSF小説や映画によってかきたてられた。もちろん、現実の宇宙旅行にも人々は熱狂した。1960年代以降、人類は本当に宇宙を旅するようになった。現在では、私たちは地球外生命体、つまり宇宙人を以前よりも幅広い観点から考え始めている。たとえば宇宙生物学（アストロバイオロジー）という学問は、最近発見された「極限微生物」という、非常に厳しい環境でも生きられる生物を研究している。

UFO

人は時代や国境を越えて宇宙人の姿を追い求め、妄想し続けた。人々が宇宙人に魅せられた始まりは、19世紀後半にH･G･ウェルズ（1866～1946年）が書いたSF小説『宇宙戦争』だ。彼は本のなかで初めて宇宙人、いわゆる「グレイ」の姿かたちを描いた。その姿は一見、人間と似ているが、手足や頭部のバランスがずいぶん違う。皮膚は灰色で、鼻や耳などは見当たらない、とウェルズは記した。それ以来、たしかに同じ姿を見たという「目撃」情報が続々と寄せられる。なかでも特に有名なのが、ベティ・ヒル（1919～2004年）とバーニー・ヒル（1922～1969年）夫妻の事件だ。この夫婦は、1961年の9月のある期間、米国ニューハンプシャー州で自分たちは宇宙人に誘拐・拉致（アブダクション）されていたと主張した。ほかにも「目撃」や「誘拐・拉致」がいくつも報告されているが、こうした報告は間違いなく、20世紀後半以降、しきりにつくられた多くのテレビ番組や映画によってあおられたものだ。

左：宇宙人。ただの作り話か、それとも理論上は実在する可能性があるのか？

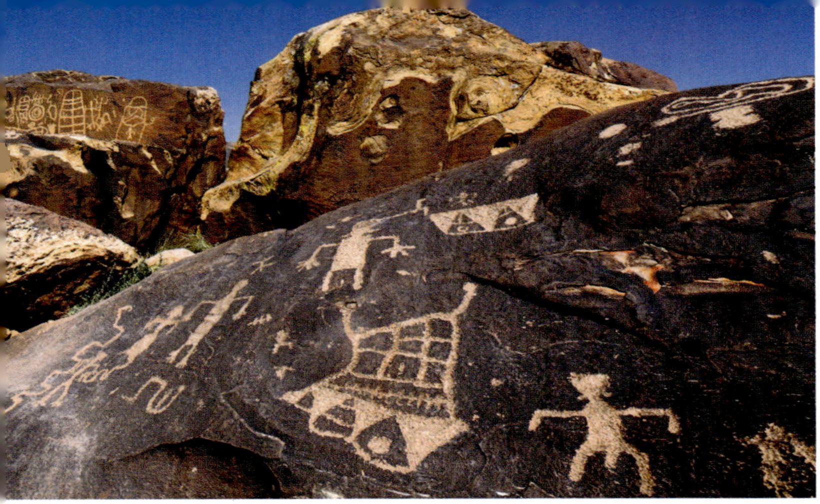

上：「宇宙人」や「宇宙船」を擬人化した図。米国ユタ州で発見された。これもまた古代に、宇宙人が地球を訪れた証拠なのだろうか？

古代宇宙飛行士説

スイスの作家、エーリッヒ・フォン・デニケン（1935年～）は、1968年に発表後ベストセラーになったノンフィクションの著作『未来の記憶』（原題：*Chariots of the Gods*）のなかで、斬新な仮説を唱えている。デニケンによると、古代の地球には宇宙人が住んでいた。彼らは人間と交流し、神殿やピラミッド、そのほかの高度な建造物の建設に必要なスキルを教えた、というのだ。デニケンは、エジプトのピラミッドや、中央アメリカのマヤ文明など、本書でも詳しく紹介する世界各地で発見された証拠をもとに仮説を立てていた。たとえば、古代文明で共通して描かれるシンボルのヘビ（ドラゴンとして描かれることもある）は人間に知恵を授けたといわれる。古代宇宙飛行士説によれば、古代人が描くこのヘビも実は、火を噴く宇宙船を表しているらしい。

ロズウェル、そしてエリア51

1947年、米国ニューメキシコ州のロズウェルで軍用気象観測気球が1機、墜落した。地元の新聞は、軍が墜落した‘空飛ぶ円盤’を回収した、と報じたが、噂はやがて下火になり、事件は忘れ去られた。ところが、それから30年後。ごく少数のUFO研究家が集まり、1947年に起きたこの出来事を目撃した町の住人を取材し始める。その結果彼らは、宇宙人の乗った宇宙船が少なくとも1

右：ここから先はグルーム湖、または「エリア51」と呼ばれる。

WARNING
MILITARY INSTALLATION
IT IS UNLAWFUL TO ENTER THIS INSTALLATION WITHOUT THE WRITTEN PERMISSION OF THE INSTALLATION COMMANDER.
INSTALLATION COMMANDER
AUTHORITY: Internal Security Act, 50 U.S.C. 797
PUNISHMENT: Up to one year imprisonment and $5,000. fine.

Roswell Daily Record

ROSWELL, NEW MEXICO, TUESDAY, JULY 8, 1947

RECORD PH
Business Offi
News Depar
2287

RAAF Captures Flying Sauc On Ranch in Roswell Regio

Claims Army Is Stacking Courts Martial

Indiana Senator Lays Protest Before Patterson

House Passes Tax Slash by Large Margin

Defeat Amendment By Demos to Remove Many from Rolls

Security Council Paves Way to Talks On Arms Reductions

No Details of Flying Disk Are Revealed

Roswell Hardware Man and Wife Report Disk Seen

Ex-King Carol Weds Mme. Lupesc

tellites Meeting

上：1947年の“フェイクニュース”。それとも真実が書かれているのか？
左：ウェールズ北部、バーウィン山脈。ここで「ロズウェールズ」事件が起きたらしい。

機墜落し、宇宙人の遺体が何体か回収されたが、当局はその事実を闇に葬った、という結論を出した。

当時、人々は政府による事実の隠ぺいや陰謀についてやたらと疑心暗鬼になっていた。そんな時代のムードも追い風になり、この話題はたちまちブームになる。ロズウェル事件に関する本は何冊も書かれ、ドキュメンタリー映像も続々と作られた。1995年に発表された、とある記録フィルムには、ロズウェルで行われた宇宙人の死体解剖を撮影したと称する映像が映っていた。これはのちに作り物であることが確認されたが、この映画を作ったレイ・サンティリ（1958年〜）は、これは「紛失した」オリジナルフィルムを再現したものだと言い張った。

UFO目撃場所でもう一つ有名な所が、エリア51だ。ここはネバダ砂漠にある軍事基地で、監視が厳しく、軍事最高機密とされている場所。エリア51で航空機やミサイルのプロトタイプがいくつもテストされているのは間違いない。その一方で、この施設が辺鄙（へんぴ）な場所にあり、不思議な現象の目撃情報が絶えないため、宇宙人の飛行船とその乗組員を回収したらすべて、この場所に運び込んでいる、と多くの人が信じている。イギリスでも目撃情報が相次いで報告されているが、そのなかでも特に有名なのが、1974年にウェールズのバーウィン山脈で起きた事件だ。この事件を取材した記者は茶目っ気たっぷりに「ロズウェールズ（ウェールズ版ロズウェル）事件」という見出しをつけて報道した。

ピラミッド

宇宙人は、エジプトのピラミッドやイギリスのストーンヘンジなどの古代遺跡をいくつも作った、とよくいわれる。そういう説が出るのは、古代の人類にはまだ、そういった建造物を作る技術も考えもなかったと思われているからだ。14ページで紹介したエーリッヒ・フォン・デニケンは、古代の人類は建設技術を宇宙人から学び、彼らを神として崇拝していた、という説を「古代宇宙飛行士説」のなかで唱えている。学者には相手にされなかったが、それでもこの説は相変わらず人を惹きつける。遺跡のなかには建設方法がわからないものもあるからだ。

ギザの大ピラミッドはどうやら、完成まで20年ほどかかったらしいことが、内部の石室の壁に残された碑文をひもとくとわかる。竣工は紀元前2560年ごろ。完成当時の高さはおよそ146メートルで、重さが平均2トンの約250万個の石材で作られており、14世紀まではこのピラミッドが世界で最も高い建造物だった。完成まで20年間もの間、昼も夜も休まず働いたとしても、約2トンの石材を1日340個、古代の技術で積み上げた計算になる！

消えたソ連人宇宙飛行士（コスモノーツ）たち

1961年、ソビエト連邦の宇宙飛行士ユーリ・ガガーリン（1934～1968年）が人類初の大気圏外飛行に成功した話はつとに有名だ。ところが陰謀説好きの人は、人類初宇宙飛行の前に宇宙飛行士が少なくとも2名、初期のテスト飛行で亡くなっているという説に注目している。当時のソ連は、情報管理がきわめて徹底した共産主義社会だった。ましてや米国とソ連は当時、いわゆる「宇宙開発競争」を繰り広げていたので、成功の裏にある都合の悪い情報は、表に出る前に握りつぶされたはずだ、という推理だ。伝えられるところによれば、ある初期のテスト飛行で宇宙船が軌道からそれて不時着し、乗っていた飛行士が中国政府に拘束されたこともあったらしい。中国もまた当時、毛沢東（1893～1976年）支配下の秘密主義国家だった。

1990年初頭のソビエト連邦崩壊以降は、宇宙飛行士が少なくとも1名、訓練中に亡くなったのがわかっているが、それも政府が

右：古代エジプト人は宇宙人の助けを借りて、このピラミッドを建てたのだろうか？

もみ消した。ただし、その宇宙飛行士が消えた、という疑惑を裏づける証拠はいまのところない。陰謀説ファンはまた、ユーリ・ガガーリンが1968年に戦闘機で訓練飛行中に事故で急死した事件も、政府による陰謀の一つではないかと疑っている。

月面着陸

1969年、アポロ計画によって、人類は月面に初着陸した。ところがそれ以来、この月面着陸はNASAのねつ造だと多くの人にいわれ続けている。なかでもこのテーマについて、かつてない社会的ブームを巻き起こした本がある。ビル・ケイジング（1922～2005年）が1976年に出版した『われわれは月には行っていない：米国国家予算300億ドルの不正使用』（原題：*We Never Went to the Moon：America's Thirty Billion Dollar Swindle*）だ。

そのなかでケイジングは、月から地球に送られてきた画像は怪しい、と疑う。たとえば、「月面には大気がないのになぜ、米国の国旗がはためいているのか？」とか、「月着陸船が月面に降下したらできるはずのジェット噴射の跡がなぜ、ないのか？」などを挙げている。航空宇宙産業で技術系ジャーナリストだったケイジングにいわせると、NASAには月へ行く計画を実施する技術などないし、宇宙船が地球を取り巻くヴァン・アレン帯を通過するときに受ける有害な放射線から人体を守る技術もない、とも主張する。

おりしも、当時の米国にとっての最重要事項はどうやら、ソ連との宇宙開発競争に勝つことだったようだ。それゆえに、この計画は何から何まで地球上のどこかで秘密裏に、おそらく、ネバダ砂漠の真ん中にあるエリア51で撮影されたとケイジングは言い切る。NASAはこの偽装説を躍起になって否定し、何人もの技術専門家がNASAの見解を支持した。それでも、月面着陸はインチキだ、という陰謀説を裏づけるドキュメンタリー映像作品がいくつも作られた。興味深いのは、月面着陸が作りごとだと信じる米国人はたったの5%。しかし、ほかの国ではもっとたくさんの人が、人類が月に着陸した、という事実を疑っている。

左：アポロ11計画で、エドウィン・"バズ"・オルドリン（1930年～）は、ニール・アームストロング船長に続き「月面を歩いた人類2番目の男」と認定された。

気候変動

UFOの「目撃情報」として考えられる原因で多いものの一つに、レンズ雲と呼ばれる奇妙な現象がある。このレンズ雲の正体は、湿った空気が高地や山岳地帯を越えるときに現れる形の雲で、80キロ以上離れた場所から見ると、円盤の形に見える。レンズ雲は自然現象だ。だから、人が操ることはできない。ところが「気候工学」という学問を用いると、天候は操れてしまう。「雲への種まき（クラウドシーディング）」という人工降雨の技術がベトナム戦争中に使われた。たとえば、アメリカ軍はモンスーンの季節をなんとか長引かせて敵の物資の輸送を妨げようとした。こうした人為的操作があったくらいだから、各国政府はいまも気象を変える技術を使い続けている、と信じる人もいる。ただし、国連は1977年にこの技術の軍事目的使用を禁止している。

高エネルギー技術

1990年から2014年までのあいだ、米国でハープ（HAARP、高周波活性オーロラ調査プログラム）と呼ばれる計画が進められた。これは、米国空軍（USAF）と米国海軍との共同管理プログラムで、アラスカ大学フェアバンクス校（UAF）と提携して行っていた研究だ。その目的は、地球を取り巻く電離層の物理的、電気的特性の調査だった。電離層の状態は、軍や一般市民の通信およびナビゲーションシステムに影響を及ぼすことがあるのだ。深読みをしたがる人たちにいわせれば、この研究施設では事実上気象操作ができ、これまでも実際にそう利用されていたらしい。

現在ではこの施設はUAFが管理し、いまも稼働可能な状態になっている。そのため陰謀説を支持する人々は、“気象兵器”が洪水や地震、それに干ばつまで引き起こしている、と言い続けている。しかし、実際には、ハープでは気象は制御できない。ハープシステムの正体は簡単にいってしまうと、巨大な無線送信機だ。ハープが出す周波数帯の電波は、対流圏とその上の成層圏、つまり、地球の気象現象を起こす大気の層では吸収されない。2

右：レンズ雲をUFOと見間違えていたりしないだろうか？

上：アラスカの大地にずらり立ち並ぶハープのアレイアンテナ。はたしてこれが、地球全体の気候を操作しているのか？

つの層に影響を及ぼさないのだから、気象を制御できるはずがない。電波は電荷や電流と相互作用を起こすが、対流圏では気象を操作できるほど大きな相互作用は起こらないのである。

ほかにも、気象操作に使われたといわれ続けている技術がある。2017年にハリケーン・イルマがフロリダ沖を襲い、広い範囲にダメージを与えた。その予防措置として、フロリダ州タンパにいるアメリカ特殊作戦軍は、兵士を事前に全員避難させていた。そのため、この台風は、他国政府または他国機関の陰謀に見せかけた作戦の一部で、メーザー衛星が起こしたものではないかという疑いが出た。衛星でメーザー（誘導放射によるマイクロ波増幅）を使うと、気象を操作できるほど強力なマイクロ波を放射できる。また、メーザーを使ってミステリーサークルを作れることも、過去に証明されている。

地球温暖化と気候変動

地球温暖化については現在、意見がはっきりと割れている。科学者が二派に分かれ、地球温暖化現象は実際に起きているのかどうか、それは人間が起こしているのかどうか、で論争を繰り広げているのだ。過去150年の間に、地球の平均気温は0.8℃上昇している。一見、この数値はそれほど大きくないように思えるだろう。しかし、観測を続ける人々は、海面の上昇、溶け出している極地の氷、湿度の上昇に注目している。こうした現象が、地球の平均

左：北極圏や南極圏で氷河がどんどん溶けているのは、地球温暖化の証拠だと指摘する人は多い。地球温暖化は自然発生の現象なのか、それとも人間が原因なのだろうか？

上：2017年、ハリケーン・イルマの猛威は、カリブ海沿岸地域の広い地域に壊滅的なダメージを与えた。このハリケーンは、ほんとうに自然現象だったのだろうか？

気温の上昇と関係があるのは間違いない。しかし、この変化の原因については、熱い論争がある。原因としてよく挙げられるのはいわゆる温室効果ガス、つまり、二酸化炭素やメタンだ。なかでも大きな原因は、実は水蒸気である。こうした気体が大気中に蓄えられると、それに伴って地球の表面の温度が上昇する。地表で反射した太陽エネルギーが宇宙空間に逃げず、地球の大気中に閉じ込められるからだ。

そこで問題視されるのが、人が使う化石燃料だ。これが温室効果ガス増加の原因だという。これに反論する人は、人間がいないほかの惑星でも温暖化が見られるという点を指摘するが、この意見には決定的な証拠が見つかっていない。地球温暖化の原因にはもっと、さまざまな要素がからまりあっている。一般的に、大気中の二酸化炭素の97%は自然界で生じたものだと考えられている。したがって、人間の活動から発生する3%という数字は無視できるほどわずかな量であり、それが生態系のバランスを実際に崩していることは完全には解明されていない、というのだ。

「地球温暖化」は真実ではない、と言い張るのは、温暖化の原因に関するデータをもみ消そうとするグループだ。なかでも注目すべきは石油業界の関係者である。たとえば米国大統領ジョージ・W・ブッシュが京都議定書への署名を拒否した一件は、物議をかもした。ブッシュの一族は代々、石油ビジネスと利害関係があった。そしてこの議定書は、先進国の石油燃料使用を制限していたのである。

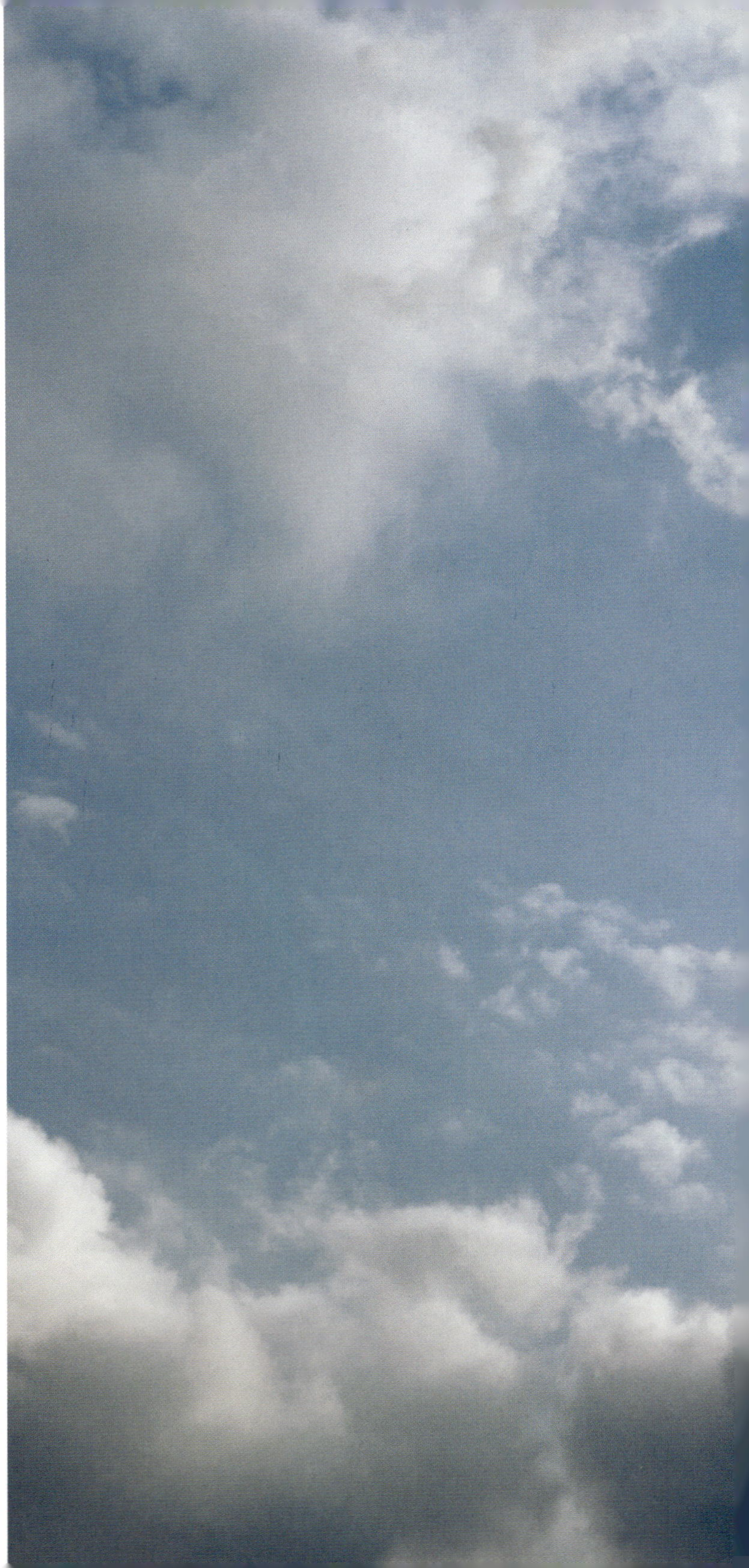

右：一般的には科学の常識とされている気候変動の原因を疑う人もいる。しかし、彼らはそれを言える立場だろうか？

命にかかわる病気

歴史を振り返ってみると人類は、はやり病、もしくはパンデミック（国や地域を越えた感染症の大流行）に、聖書の時代から悩まされてきた。そして昔から、その原因は人ではなく、自然災害だと考えられてきた。最後にパンデミックが“自然に”発生したのは、1918〜1920年に大流行したスペイン風邪だ。このとき少なくとも5000万人が亡くなった。それ以降は、自然に発生したとは言い難いパンデミックが次々と発生している。たとえばイギリス政府は第二次世界大戦中に敵地にばらまこうとして、炭疽菌をはじめとする生物兵器（細菌兵器）を開発した。現在では、こうした伝染病はもはや“自然発生した”ものではなく、生物兵器として使うために意図して作り出されたものだと考える人が多い。たとえば、HIV／エイズのパンデミックは、サハラ以南のアフリカ地域を破滅し、同性愛主義者を根だやしにするために、誰かがウイルスを培養して引き起こしたものだ、という説をよく耳にする。

HIV／エイズ

1980年代、新たなエピデミック（一定の期間、一定の地域で起きる感染症）が米国とヨーロッパを襲った。当初、これに感染するのはサンフランシスコやニューヨークなどの大都市に住む同性愛の男性にほぼ限られていた。セレブリティと呼ばれる人が次々とこの病気で亡くなったため、この問題は一気に注目された。その後の研究で、HIV／エイズ・ウイルスの感染経路は多様であることがわかる。汚染された血液の輸血や、コンドームを使わないセックスでも感染するし、罹患者も男性や同性愛者とは限らない。

科学者の大半はこう考えている。そもそもはサルなどヒト以外の動物がかかる病気だったのだが、おそらく狩りで捕らえた野生動物の肉（ブッシュミート）を食べる習慣から、ヒトに感染したのではないか、と。ただし、この説明では納得しない人々もいる。たとえば、米国の科学者がこのウイルスをうっかり作ったのでは

左：ずらりと並ぶ米国の医師。マスクをしているのは、殺人インフルエンザのウイルスを防ぐため。この病気は、1918年から20年にかけて世界で大流行した。

ないか、と疑う。つまり、1970年代のニクソン政権のころ、科学者が行ったガン治療の研究実験中にエイズ・ウイルスがたまたまできてしまい、実験中の被験者に感染したというのだ。裏で何者かが糸を引いていると深読みする人は、このウイルスは特定の層の人々、たとえば、LGBT（性的マイノリティー）やアフリカ系米国人のコミュニティーにわざとばらまかれたと考えている。

プラム島の秘密

1954年、米国ニューヨーク州のロングアイランド湾の島にある、かつて軍用基地だった場所が、「プラム島動物疾病センター」という名の動物研究実験所に代わった。この謎めいた警備厳重な施設をめぐり、何やら怪しげなことが進められている、という噂が続々と広まった。この施設の目的や、ここで生物兵器が開発されているのかどうかについて、憶測が憶測を呼んだ。2004年、マイケル・C・キャロル（1958年～）が『ラボ257：政府が秘密裏に運営する「プラム島細菌実験所」に関する気がかりな話』（原題：*Lab 257: The Disturbing Story of the Government's Secret*

下：プラム島にあった実験所が、実はライム病を作り出したのか？
右：エイズ・ウイルスが血液中に現れたところを描いた、コンセプチュアル・イメージ。現時点で、世界中でこのウイルス感染者は3600万人以上といわれ、サハラ以南のアフリカ地域に多い。

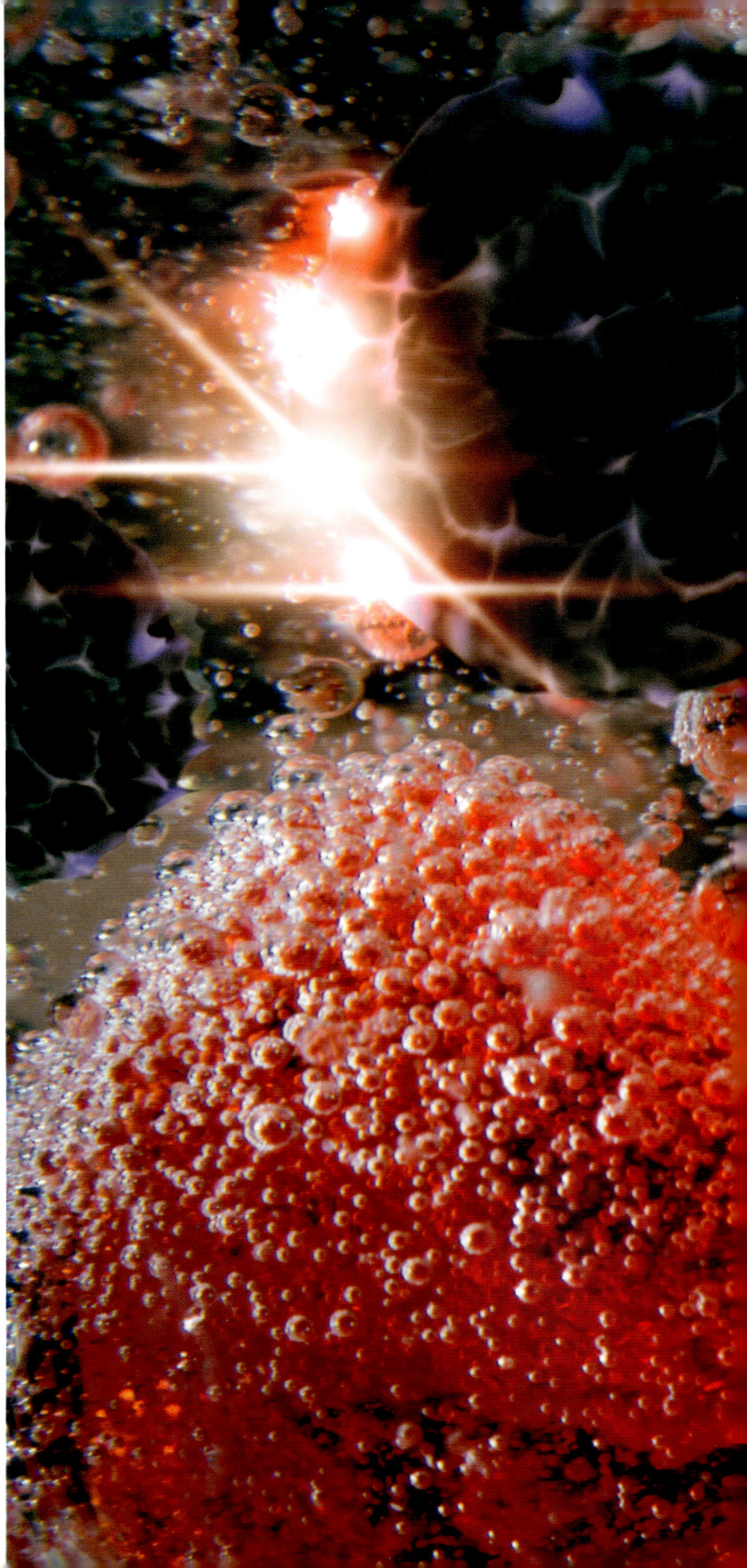

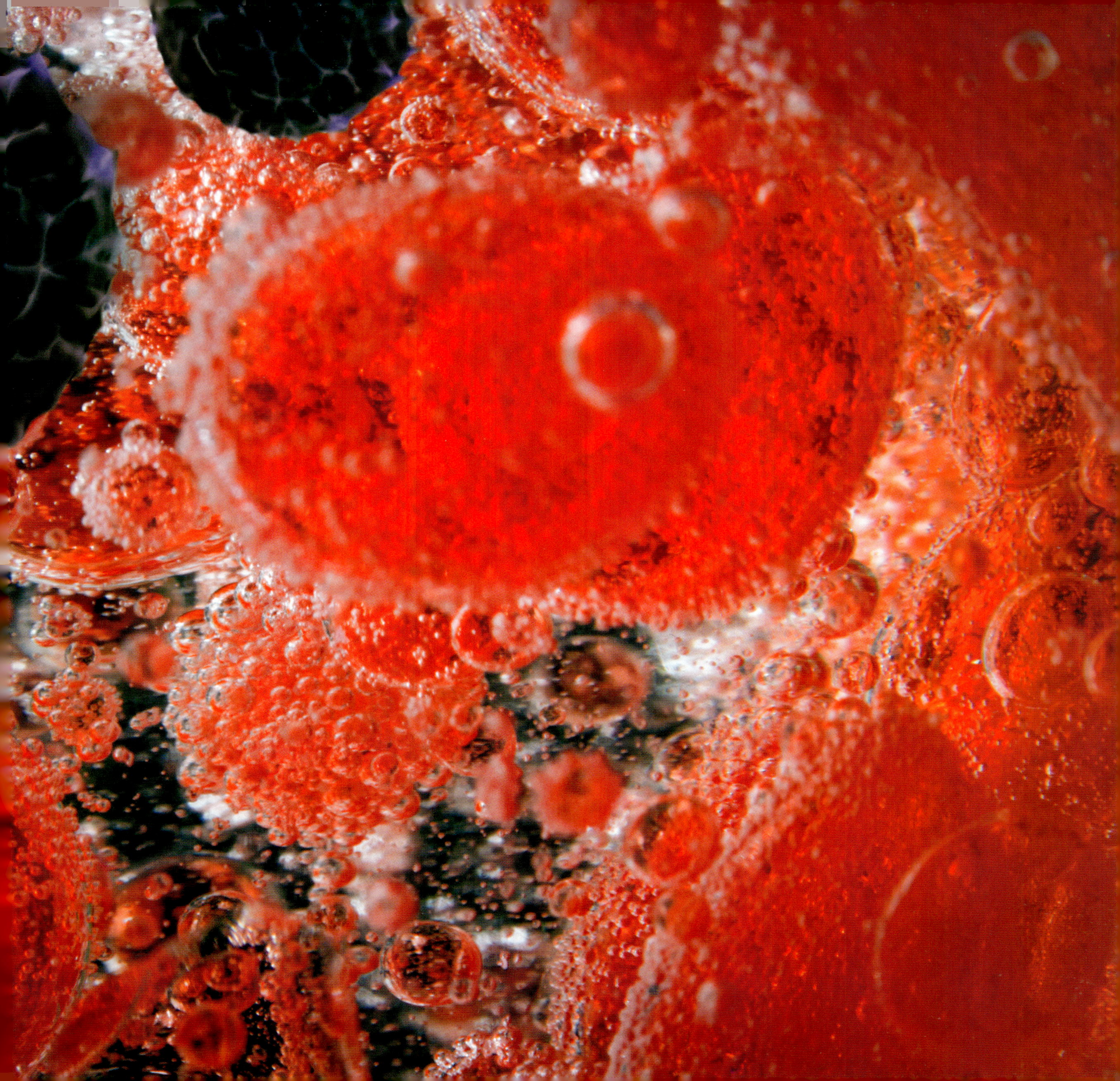

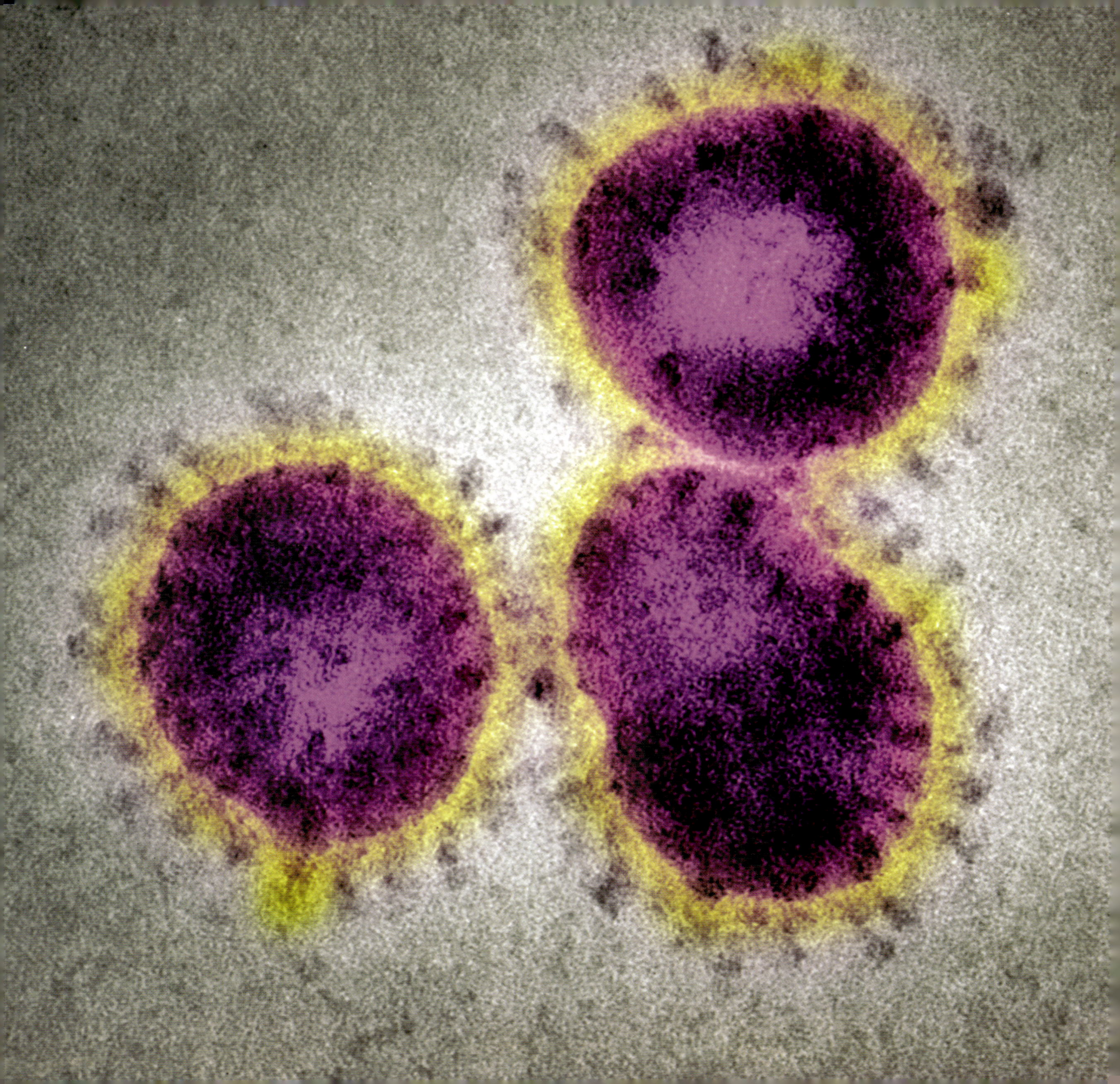

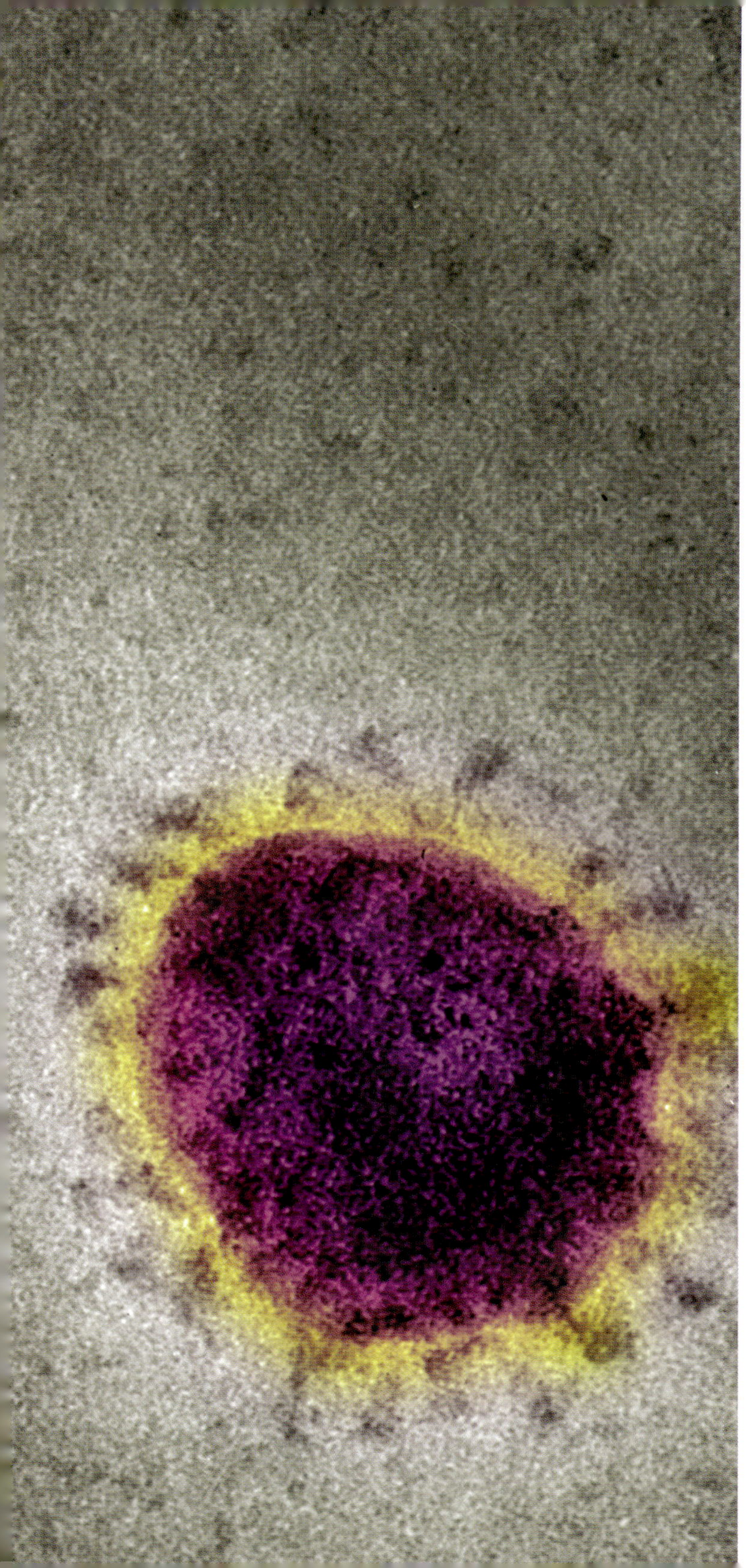

Plum Island Germ Laboratory）という本を発表した。キャロルの主張の一つに、ライム病は細菌兵器開発プログラムの中で明確な意志をもって作られた、というものがある。その後の経過についても、キャロルはこう論じている。この実験所はバイオ・セキュリティー（防疫対策）がお粗末だったため、菌に感染したマダニが外にもれ、それが島で羽を休めていた鳥を介して、プラム島から15～16キロほど離れた、コネチカット州ライムにあるコネチカット川の河口まで運ばれた、というのだ。ライム病はその地域の住人の間で大流行し、やがて別の土地にも広まっていった。

マダニが媒介するこの病気で、死に至ることはめったにない。しかし、身体をきわめて衰弱させる。いまでは米国だけではなくヨーロッパに住む人にも感染し続けている。この説をますます本当らしく思わせたのが、この施設の移管だ。2003年に管轄省庁が農務省から国土安全保障省になり、施設の名称も「国立生物農産物検疫施設」に替えられた。施設周辺の警備が厳重になり、外部者はこの一帯に立ち入れなくなった。この実験所で行われている活動はどれも安全であり、公正である、と政府当局はしきりに言い切る。しかし、プラム島に托された真の目的はこの先も決して明らかにならないだろう。

SARSコロナウイルス

SARS（重症急性呼吸器症候群）が初めて発生したのは、2002年暮れの中国。8000人以上が症状を訴え、その死亡率は10％に届きそうな勢いで、回復しても多くが何らかの身体機能の低下を訴えていた。全体で8273件の症例が報告され、そのうち775人が亡くなっている。東南アジア以外では、ウイルスは北米大陸にも広がり、なかでもカナダにおける死傷者数は最大で、251件の症例のうち44人が死亡した。これは病気の死亡率としては、最悪の数字だ。

中国当局はその原因を、ある種のコウモリが媒介したウイルスであると公式に発表しているが、中国とロシアの科学者の両方から、米国政府のたくらみで生物兵器が使われた、という説が出ている。なぜなら、SARSウイルスは自然発生するヒトの病原性ウイルスではなく、動物起原のウイルスなので、人間が作り出したのではないかと考えられているのだ。だが、決定的な証拠はまだ見つかっていない。

左：SARSウイルスはいつか世界的な大流行となる可能性が高い、と世界保健機構（WHO）は懸念する。

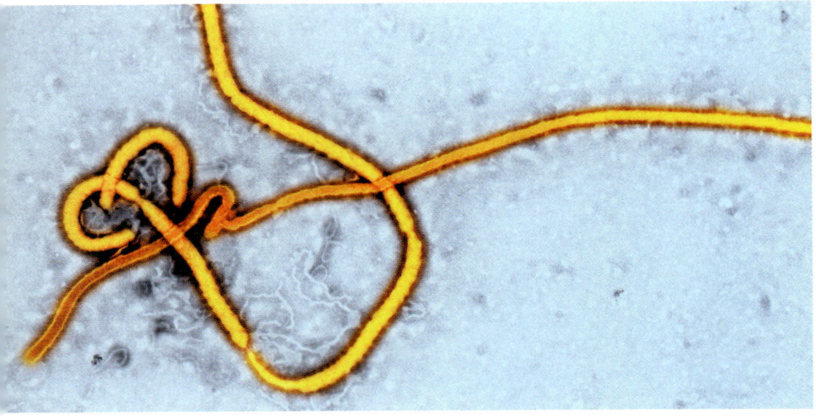

上：エボラウイルス。

エボラウイルス

最初は、致死率の高いウイルス性の感染症として1976年に発見されたエボラ出血熱。これが、2013年後半に史上最悪のパンデミック（国や地域を越えた感染症の大流行）となって終息までの15か月間猛威をふるい、サハラ以南のアフリカ地域で1万1000人以上の人々の命を奪った。これは米国が仕掛けた細菌攻撃ではないか、とリベリアの新聞は報じた。その後、アメリカ疾病管理予防センター（CDC）は、製薬業界が開発する治療薬から利潤を得ようとして、このウイルスの特許を取得する。そのため、米国にますます非難が集中した。

この特許の対象は、厳密にいえばウイルスの「エボブン(EboBun)」株であり、2014年の大流行の原因となったエボラ・ザイール株は対象ではなかった。それでも陰謀説マニアはかたくなに、細菌兵器と製薬業界との間には明らかにしがらみがあり、医薬品から膨大な利益が上がるようになっている、と指摘し続けている。

右：治療薬やワクチンがないため、エボラウイルスの蔓延を防ぐには隔離するしかない。通常は罹患者のうち、約40% は死亡する。

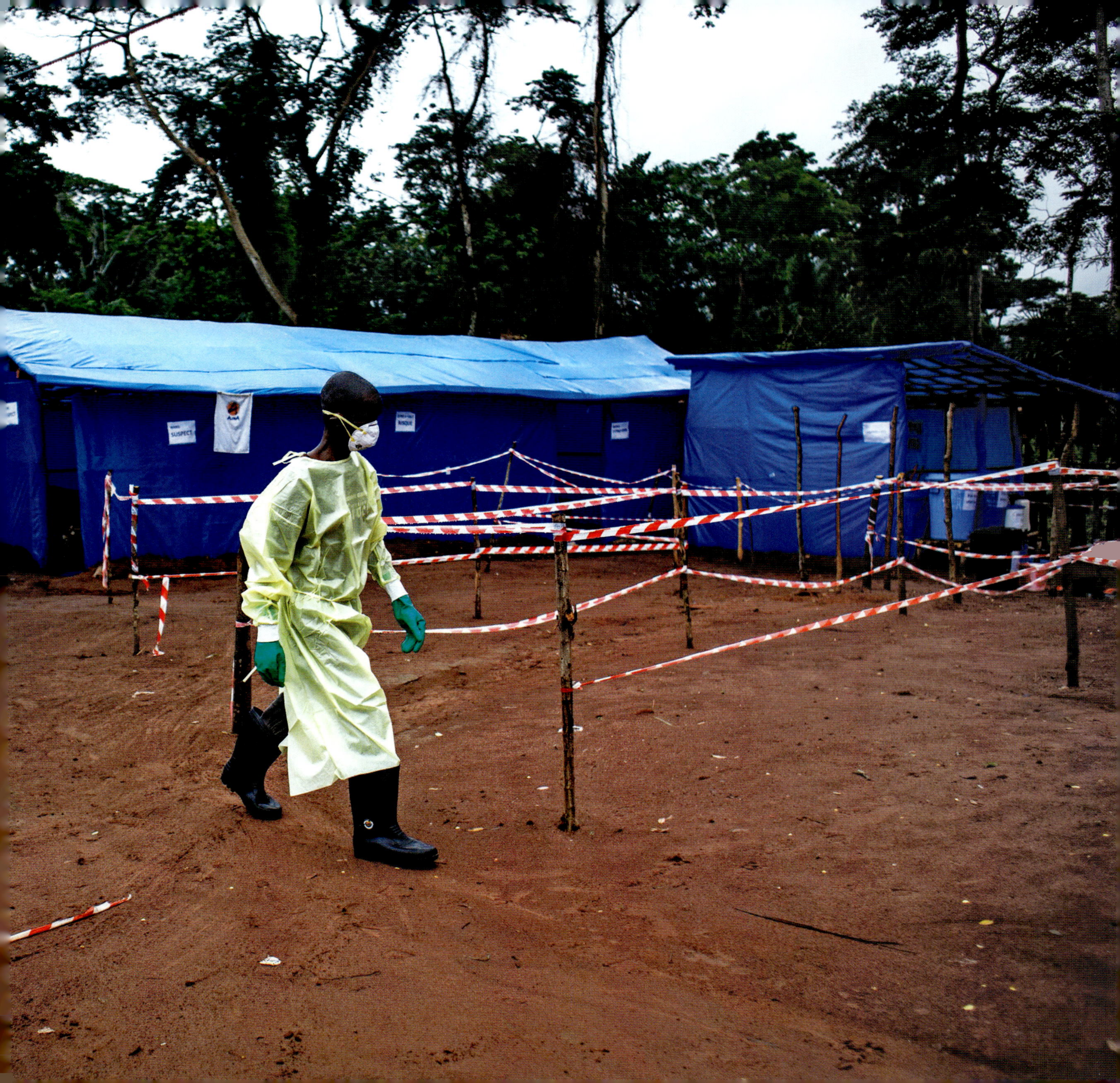
SUSPECT
RISQUE

GRUINARD ISLAND
THIS ISLAND IS
GOVERNMENT PROPERTY
UNDER EXPERIMENT
THE GROUND IS CONTAMINATED
WITH ANTHRAX AND DANGEROUS.
LANDING IS PROHIBITED
BY ORDER 19

極秘の実験

世界でもとびきり謎に包まれた軍事施設が、イギリス・ウィルトシャー州のポートン・ダウンにある。この施設では、生物（細菌）兵器を使った実験が行われている。1942年にはここで炭疽菌が培養され、その検証がスコットランドにある小さな島で行われた。その島はイギリス本土から1キロも離れていない。島のあちらこちらには健康への害を警告する標識が立ち、1990年まで除染は行われず、そのときにようやく人間が安全に住める、と宣言された。こうした施設として世界でも数少ないポートン・ダウンは、現在も稼働しており、人類史上で指折りに危険な病原菌をいくつも扱っている。1976年には同定用のエボラウイルスがポートン・ダウンに持ち込まれ、その治療法やワクチン発見のために繰り返し実験が行われた。

MKウルトラ計画

米国の弁護士ローレンス・ティーター（1948～2005年）には、1994年から、当局にとにかく認めさせようとしていたことがある。それは1968年のロバート・ケネディ（1925年～1968年）暗殺の犯人として有罪判決を受けたサーハン・サーハン（1944年～）は、MK ウルトラ計画の一環で米国中央情報局（CIA）に「操られて」いたということだ。この計画は、CIA が1950年代に極秘に進めた計画で、薬物が人の行動に及ぼす影響を人体実験で立証し、マインドコントロールが可能であるのかどうかを見きわめようとしていた。冷戦の陰でこの計画が考案され、人の心を支配できる新しい尋問技術がいくつも編み出された。この計画で CIA は特定の製薬会社と手を結び、大学や刑務所、病院など数々の公的施設で人体実験を行っていた。

このシナリオからは陰謀説がいくつも生まれ、さまざまな人物が次々に登場し、このプログラムで洗脳された、と主張した。1970年代になると、このプロジェクトの実態がメディアにスクープされ、MK ウルトラ計画は停止された。ところが CIA は資料

左：スコットランドのグルイナード島。第二次世界大戦中、この島で炭疽菌が人体に及ぼす影響を調べるため、羊を使った秘密実験が行われた。
次ページ：CIA をはじめ各国政府の秘密情報機関は、敵に対する「秘密工作」として、人間の精神を操り、支配する技術をこれまでいくつも編み出してきた、と信じる陰謀説マニアは多い。

CENTRAL INTELLIGENCE AGENCY
UNITED STATES OF AMERICA

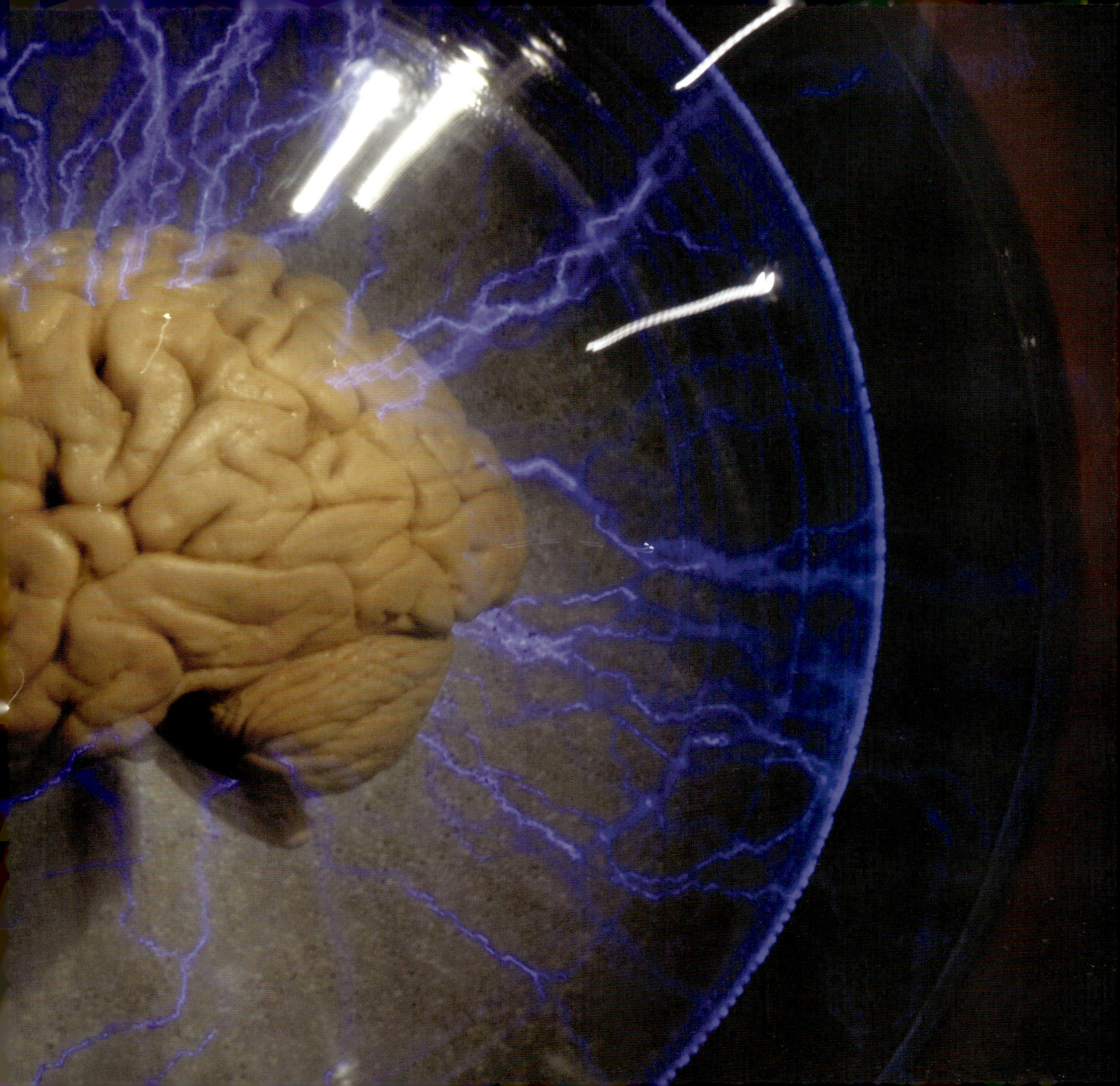

上：2013 年、米国サンフランシスコで起きた、飲用水へのフッ化物添加への反対デモ。

の多くを破棄したため、いまとなってはこのプログラムの全容を知ることはほとんど不可能だ。この題材からドキュメンタリー映像がいくつも作られた。CIA にマインドコントロールされた暗殺者という設定で、映画『影なき狙撃者』や、『ボーン・アイデンティティー』をはじめとするジェイソン・ボーンのシリーズ作品も生まれた。

水道水へのフッ化物添加

　そもそも、倫理的に考えて、米国政府が水道水にフッ素の化合物（フッ化物）を添加して国民に強制的に使わせているのは、個人の権利侵害ではないか、という疑問がまずある。その問題はさておき、フッ化物添加には本当に安全で、期待する効果があるのだろうか？　水道水へのフッ化物添加が始まったのは、1950年代のこと。その目的は虫歯予防、それも容認しがたいレベルに悪化していた子どもの口腔衛生だった。いまでは、全米にある給水設備の70% が強制的にフッ化物を添加させられている。イギリス

左：フッ化物を添加した水は、潜行性の健康障害を引き起こすのだろうか？

では約10%で、ヨーロッパの国々では3%に届かない。フッ化物が実際に虫歯予防になっているのはほぼ間違いないらしい。しかし、数多くの歯磨きメーカーがいまや製品にフッ化物を添加しているのだから、それで十分ではないかという意見も多い。

一方、科学者の間では、飲料水へのフッ化物添加の安全性をめぐって活発な議論が交わされている。というのは、フッ化物には毒性があり、なかでもフッ化ナトリウムは殺虫剤や殺鼠剤として使われているからだ。また、IQの低下や、ADHD（注意欠如・多動性障害）を引き起こす可能性もある、と以前からいわれている。そもそも何よりも怪しいのが、1950年代にフッ化物が使われ始めたいきさつだ。

最初に「フッ素は歯によい」と言い出したのは、ペンシルベニア州で新しく設立された国立歯学研究所所長に就任したジェラルド・コックス（1895〜1989年）だった。1930年代、コックスはメロン工業研究所に勤務する研究者で、アルミニウムの精錬工程で発生する廃棄物の毒性について調べていた。それもアルミニウム・カンパニー・オブ・アメリカ（ALCOA）に有利な解決案がないか、同社の依頼で調査をしていたのだ。その当時すでにわかっていて、ジャーナリストも書きたてていた事実がある。アルミニウム製造時に出る産業廃棄物であるフッ化物が人の口に入ると、死に至ることがあるのだ（訳注：しかしコックスは、フッ素は虫歯を予防する、という情報の方だけを人々に広めた）。ジャーナリストのクリストファー・ブライソン（1960年〜）は2004年の著書『フッ化物のウソ』（原題：*The Fluoride Deception*）の執筆にあたり徹底的な調査を行って、次のように指摘する。大量の産業廃棄物の処理の問題と、デンタルヘルス問題への対応が同時に必要になったのは偶然のことではない。コックスをはじめとする専門家が、アルニウム産業を保護したい政府当局に指示され、その両方を結びつけた解決策をひねり出したのだ、と。

優生学

実に多彩な分野で活躍したイギリス人学者、フランシス・ゴルトン（1822〜1911年）は、あのチャールズ・ダーウィン（1809〜82年）のいとこだ。実はこのゴルトンが「優生学」という言葉の生みの親である。ダーウィンの研究に大いに影響を受けたゴルトンは、選択的生殖によって人の遺伝子質は向上する、という考え

右：政府公認の優生学が将来、人口操作の手段になるのだろうか？

を主張した。20世紀初頭には多くの西洋社会でさまざまな試みが実際に行われ、いわゆる「優生思想」が発展した。ところが、のちにこれがナチスの思想と結びつき、非人道的な政策が行われるようになる。このときに「適合」、あるいは「不適合」を問う優生学のイメージが悪くなった。その後、人権に関する法律も制定され、悪用につながる研究は制限されたが、完全になくなったわけではない。

実験はまだ続けられている。現在は「新優生学」と呼ばれる考え方が取り入れられ、子どもの特性や能力を、表向きには親が選択している。これがよく、「リベラル優生学」と呼ばれるのは、選択権が以前のように国家ではなく、その対極の存在である、親にあるからだ。しかし「一般市民はつねにだまされている」と考える人々の間では、こうした技術を利用すれば、政府機関が社会や国民を統制し、国家の奴隷のように扱いかねない、という意見を以前からささやいている。

ケムトレイル

空高く飛ぶ飛行機の後ろにたなびく、白い水蒸気の軌跡。陰謀説支持派にいわせれば、その気体には化学物質が含まれているのだが、当局はそれを隠しているらしい。科学者の意見では、これはただの飛行機雲だ。しかし、陰謀好きにかかると、ふつうの飛行機雲だったらもっと早く消えて、こんなにはっきりと跡が残らないらしい。こうした軌跡はやがて、「ケムトレイル」（化学の軌跡という意味）と呼ばれるようになる。「飛行機雲」（英語ではコントレイル、凝縮した軌跡という意味）に対抗してできた造語だ。

陰謀説支持派によれば、ケムトレイルはこれまで、気候工学やマインドコントロール実験、それに生物兵器を使った人口の操作にまで利用されてきたらしい。何か秘密がある、といわれ出したのは、米国空軍が気象操作についてこれまでの関与を認めたのがきっかけだ。多くの人々はこうした実習が行われていた事実を知ると、怒りをあらわにした。さらにその前に政府は、気象操作のために人工降雨、「雲のたねまき（クラウドシーディング）」を行っていたことも告白していた（ハープ計画、22ページ参照）。そのため、飛行機を使ってほかにも気象操作を行っている可能性は高いし、この活動はおそらく、世界規模のたくらみの一部ではないか、と陰謀説支持派は主張し続けている。

左：飛行機の後ろにたなびく飛行機雲はよく、「ケムトレイル」ではないかといわれる。よからぬたくらみがあり、大気に化学物質を密かに拡散しているというのだ。

技術をめぐる陰謀

現代はまさに「情報の時代」。あるいは、「コンピューター」や「デジタル」の時代ともいわれる。日常のちょっとした意思決定は今後ますます、人の代わりにマシン（コンピューター、あるいはロボット）の仕事となるだろう。生活のパターン、たとえば買い物をする店、旅行先、余暇の過ごし方はデジタル情報化され、おおっぴらに、あるいはこっそりとデータベースに蓄積される。こうしたデータは快適な暮らしをサポートできるように役立てられる反面、人を陥れるために悪用される場合もある。交流電源を発明したニコラ・テスラ（1856〜1943年）など、新しい技術の先駆者の多くはこれまで、「現代技術懐疑（ネオ・ラッダイト）派」の非難の的だった。テスラは太陽光エネルギーを活用するアイデアで誰よりも早く特許を取ったが、世間からは「マッド・サイエンティスト」と呼ばれるなど、何かと中傷された。

フリーエネルギーとピークオイル

ロックフェラー家のような石油王一族が、石油は「フリー（無料で無限）なエネルギー」であるという概念をもみ消そうとしてきたのは、意外でも何でもない。石油業界にいた地質学者マリオン・ハバート（1903〜1989年）は、1956年に「ピークオイル（石油ピーク）」というモデルを考案した。そのなかで彼は、石油産出量が最大になり、その後供給力が減っていくのはいつかを予測した。石油業界はこのデータを用い、産出量と価格を操作してきた。エネルギー産業では国家予算なみの資金が動く。ゆえに、何としてでも利権を独占し続けたいのだ。2006年にドキュメンタリー映画『誰が電気自動車を殺したのか？』が公開され、そのなかでブッシュ政権（その多くが石油業界関係者）と、自動車業界と一部のセレブリティとの間の癒着が取り上げられた。1990年代、ゼネラルモーターズのEV1モデルデビューは叩かれ、電気自動車開発資金は打ち切られたのである。

前ページ：太陽光エネルギーは、エネルギー問題を解決できるのだろうか？
右：石油は地球上にあるすべてのエネルギー資源の約３分の１を占める。大方の意見によると、数兆ドルを動かす石油ビジネスが、地球に優しい代替エネルギー開発の発展を妨げてきたらしい。

Government control starts between your ears when you tell yourself what your masters told you.
THOSE WHO SACRIFICE FREEDOM 4 SECURITY DESERVE NEITHER
YES WE SCAN
Die NSA wusste schon vorher, was für ein Schild ich malen würde.
fuck #PRISM
YES
TRANSPARENTER STAAT STATT GLÄSERNER

上：イギリス空軍のメンウィズヒル基地にあるレドーム（レーダーアンテナを格納している）。ここは通信傍受のできる施設で、米国が率いる「ファイブ・アイズ」（英国と、もとは大英帝国の植民地だったアングロサクソン諸国：米国、カナダ、オーストラリア、ニュージーランドが加盟）が協力して運営する「エシュロン」監視プログラムのために使われていると考えられている。

グローバル規模の大量監視

2013年、CIA、そして国家安全保障局（NSA）の元職員エドワード・スノーデン（1983年～）が香港に渡航した。その渡航先から“ファイブ・アイズ”グループ、つまり米国、英国、オーストラリア、ニュージーランド、カナダの協定による世界規模の監視活動について、極秘情報を暴露した。スノーデンは現在モスクワに住んでおり、亡命先を探している。

グローバルな大量監視プログラムは、9・11テロ攻撃（2001年）をきっかけに始まった。しかし、政府がこれをようやく正式に承認したのは2007年になってからのこと。それまでは米国保護法のなかで「プリズム」というコード名で呼ばれていた。このプログラムはアップル、マイクロソフト、グーグル、フェイスブックの支援を得て運用され、インターネット上のデータを収集してテロや凶悪犯罪を発見し、未然に防ぐために使われる。そのため言論の自由の侵害だという批判が巻き起こった。そこに邪悪なたくらみがあると信じる人々は、これぞまさしくジョージ・オーウェルの小説『1984』に登場する“ビッグブラザー”だと考えている。

左：「プリズム」反対デモ。ベルリンにて。

計画的旧式化

1924年、オスラム（ドイツ）やゼネラルエレクトリック（米国）など電球の大手メーカーが参画し、ポイボスカルテルを結んだ。各社の電球の寿命はそれまで約2500時間だったのが、このカルテルによって短縮され、1000時間を超えてはならない、という業界標準が作られた。これは20世紀後半まで受け継がれた。このカルテルは製造業におけるいわゆる、「計画的旧式化」の最初の事例となる。つまり、自社製品の寿命がわかっていれば、今後の売上を予測できる仕組みだ。また、このカルテルは、標準価格を定めるきっかけにもなり、その価格は競合がいないため据え置かれる。ところが、アジアの国々が品質はたいがい不確かだが、はるかに安い商品を売るようになると、そうはいかなくなった。

現在では、もとのカルテルメンバーが、寿命の長い“LED電球”を使った新しい技術を開発した。LED電球は従来の電球よりも長持ちし、省エネ効果が高い。ただし、格段に高価だ。ほかのメーカーも計画的旧式化を採用したため、その影響は大型家電製品やスマートフォン、それに、コンピューターにまで及んだ。ソフトウエア開発もまた、こうしたメーカーと結託している。古いハードウエアでは新しいアプリケーションが使えないようにして、消費者が常に最新モデルを購入するように仕向けているのだ。

上：私たち消費者は、はたして新技術の恩恵を受けているのか？　あるいはまんまと最新モデルを買わされているのか？
右：1920年代の電球業界をめぐる陰謀では、大手メーカーがカルテルを結び、製品がある時点で必ず老朽化するように仕組んでいた。

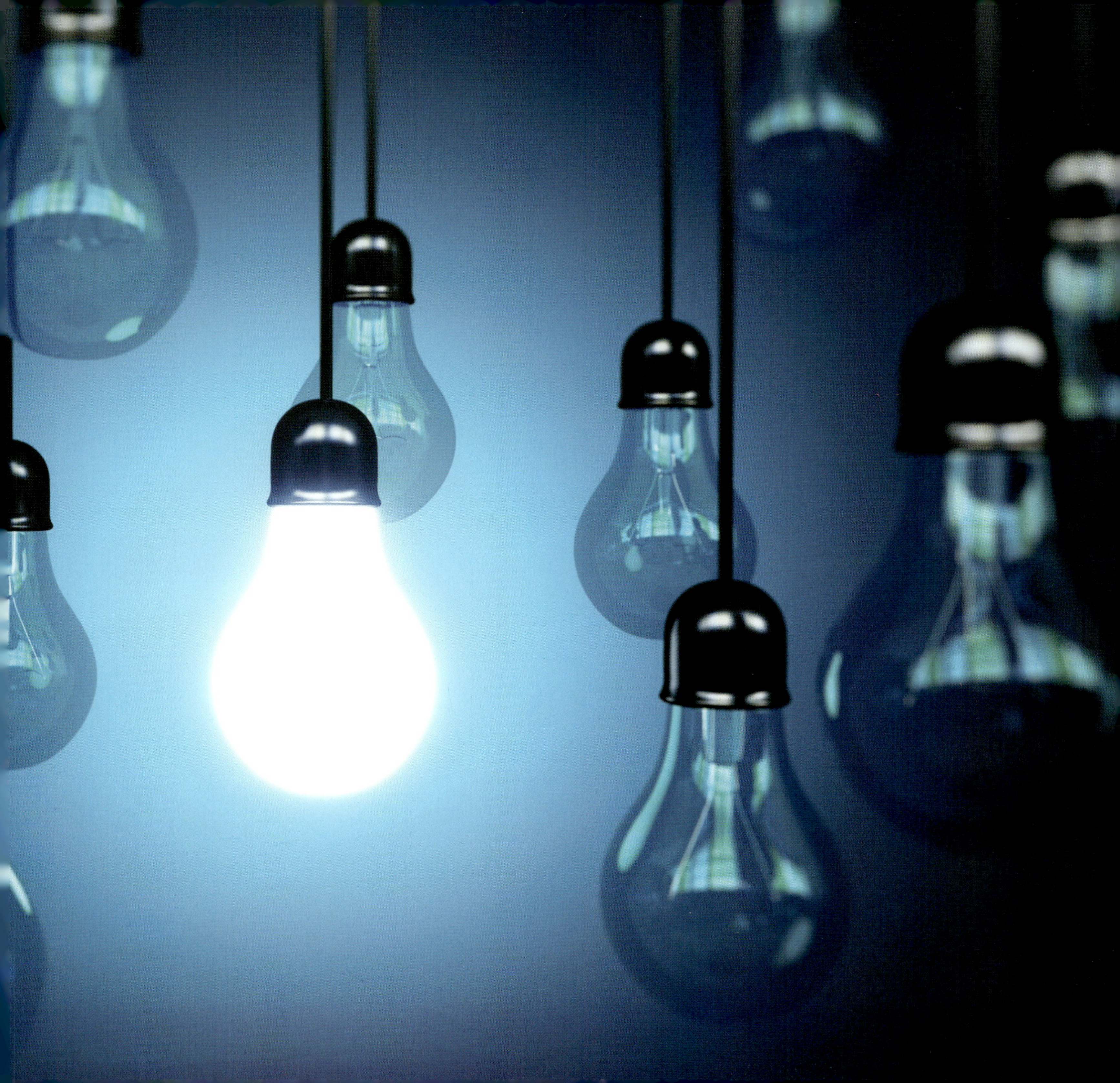

KIRKS
SOLO

食品

イギリスでも有数のフードライターで、作家のジョアンナ・ブライズマン（1956年〜）は、食品と、その購入経路や消費をテーマに著述活動を行っている。数々の著作があるブライズマンだが、1998年に発表した書籍『私たちが食べるもの：無視するわけにはいかない本』（原題：*The Food We Eat: The Book You Cannot Afford to Ignore*）でも食品規格を批判し、スーパーマーケットがいかに消費者をあざむき、購入決定や買い物習慣を操作しているかを暴露した。たとえば西洋諸国では、人々はいまや空腹だから食べるわけではない。いつ、どれだけ食べるかはライフスタイルや文化に左右される。そして食べ過ぎた結果、肥満や2型糖尿病といった健康上の問題が起きている。

「カウスピラシー」

2004年に公開されたドキュメンタリー映画『カウスピラシー：サステイナビリティ（持続可能性）の秘密』の作り手は、畜産業が環境に及ぼす被害をテーマに取り上げた。この映画が何よりも観客に訴えているメッセージは、意識の高い食生活を送りたかったら、ヴィーガン（完全ベジタリアン）になるしかない、というものだ。畜産業が抱える問題としてここで描かれているものは、本来だったら人間が消費するはずの水や食料が家畜の飼育に大量に使われ、地球温暖化の原因を作り、それに、動物のエサを確保するために森林破壊が行われている現状だ。データをいくつも挙げ、食肉の生産がなぜ環境に有害なのかを示している。なかでも特にショッキングだったのは、温室効果ガス全体の51%は酪農用の家畜から発生している、という数字だ。

この映画が示した証拠には、さまざまな分野の科学者、それに環境団体グリーンピースから反論が寄せられ続けている。いわく、家畜の消化器官から排出されるメタンは、温室効果ガス全体の18%でしかないという。たしかに、このドキュメンタリーのデータはやや大げさで、映画製作者はただやみくもに、この映画を観た人の食事をヴィーガンに切り替えさせようとしている。だ

55

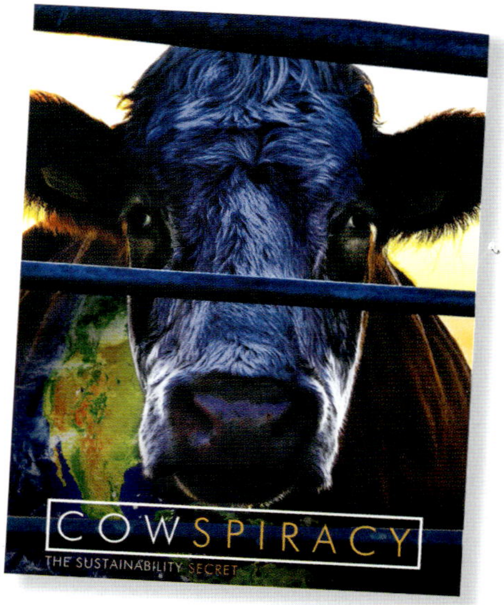

上:『カウスピラシー』では、長期的展望で畜産業の環境持続可能性に光を当て、人々に疑問を投げかけている。

としても、この作品はある重要な疑問を人々に投げかけたのは間違いない。「地球上にいる70億人に食料を行き渡らせ、その状態をずっと維持するには一体どうしたらよいのだろうか？」

遺伝子組み換え作物（GMO）

いわゆる「アグリ（農業）ビジネス」で世界有数の大手企業といえば、モンサントだろう。遺伝子組み換え作物の生産について、世界でも中心的役割を果たすバイオ化学企業だ。遺伝子組み換え作物（GMO）の歴史は古い。1990年代後半から消費が始まり、従来の農法で栽培した作物と同じくらい人体に無害だという、科学者の一致した意見もある。にもかかわらず、GMO生産をめぐる論争は絶えない。裏に何者かの思惑がある、と信じるある説では、モンサントはGMOの人体への有害性を示す真実のデータを隠し、ビジネスに悪影響が及ぶのを食い止めていると主張する。さらに、同社は米国の食品医薬品局（FDA）とも結託し、その安全性を裏づける証拠を発信している、とまでいう。一般的な話をすると、GMOの生産が環境に有害か無害かの結論は、まだ出ていない。

右：トウモロコシ畑の端に立てられた、有害物質（バイオハザード）であることを示すマーク。この作物がGMOだとわかる。こうしたマークは、GMOを含んだ食料品でも表示されている。

砂糖にまつわる陰謀

第二次世界大戦後、米国社会では次第に、肥満への意識が広まった。その元凶として、糖分と脂肪がやり玉にあがった。1965年に砂糖研究財団（SRF）が、肥満について研究者グループに調査を依頼する。すると当然ながら、この研究では肥満の主な原因は飽和脂肪であり、ショ糖（サッカロース）の影響はたいしたことない、と報告された。それから50年後、製糖業界が砂糖の有害な影響を隠すために共謀していた事実を、ジャーナリストが次々に暴く。たとえば、権威ある医学雑誌『ニューイングランド・ジャーナル・オブ・メディシン』に研究結果を発表して、食品業界に誤った情報を流し、半世紀にわたって国の食品政策に影響を与えていたこともあったという。最近では2012年に世界最大の清涼飲料水メーカーであるコカ・コーラもまた、砂糖は肥満の主な原因だという世間の風当たりをかわそうとした。科学的な報告を引用し、肥満を防ぐにはカロリー制限ではなく、バランスの取れた食生活と定期的な運動に力を入れるべきだとコメントしたのだ。しかし、栄養学者たちはこの意見に批判的である。なぜか。それは、米国栄養士会や米国栄養学会などの公共団体が、マクドナルドやペプシコといった企業と手を握り合っているからだ。

政治

陰謀

G

秘密結社

陰謀説を語るときに欠かせないキーワード。それは、秘密主義だ。いわゆる秘密組織、たとえばフリーメイソンなどの名を見聞きする機会は多い。しかし、その活動内容は秘密にされている。さらにイルミナティにいたっては、何もかもがベールに包まれている。だから、イルミナティは社会に有害な活動をしていると考える人は多く、そもそもイルミナティが実在するのかを疑う人もいる。フリーメイソンとイルミナティが使う、重要なシンボルがある。それは、「プロビデンスの目」、または「万物を見通す目」だ。この図像が最初に使われたのはルネサンスのころだが、深読みしたくなる事実がある。米国の1ドル紙幣にはこの図像が描かれ、ラテン語で「時代の新秩序」という文字が添えてあるのだ（66ページ写真の「NOVUS ORDO SECLORUM」）。また、「1776年」（66ページ写真のピラミッド底辺の「MDCCLXXVI」）は、米国がイギリスの支配からの独立を宣言した年に当たる。実はこれ、イルミナティ創立の年でもある。ただの偶然だろうか？

前ページ：2001年9月11日、マンハッタン島の南部から立ち上る煙。テロリストの攻撃を受け、世界貿易センターのツインタワーが崩落した。
左：フリーメイソンの直角定規。古い歴史を持つこの友愛結社には、儀式やシンボル抜きには語れない。
下：イルミナティの創始者ヨハン・アダム・ヴァイスハウプト。

上：「万物を見通す目」。これは、フリーメイソンとイルミナティの両方で極めて重要とされているシンボルだ。しかし、その目は誰を見ているのか？

フリーメイソンとイルミナティ

ドイツの哲学者ヨハン・アダム・ヴァイスハウプト（1748～1830年）は1776年に秘密結社イルミナティを設立した。イルミナティは、社会を縛る当時の宗教観や道徳に反発し、人々が国家権力に弾圧されない世界を夢見ていた。彼の思想は別の秘密結社フリーメイソンを基にしている。しかし彼は、フリーメイソンは自分の反宗教的な思想とは相容れないと気づいた。ヴァイスハウプトが指揮するイルミナティは設立後間もなく、ローマカトリック教会の圧力に屈したバイエルン政府によって、事実上つぶされた。しかし、イルミナティはその後、フランス革命に関与し、現在も活動していると考える人は多い。なかでもイルミナティが金融システムを牛耳り、操作しているという話題がよく噂になる。たとえば1802年、米国建国の父の一人第3代大統領トマス・ジェファーソン（1742～1826年）は国民にこう警告した。「金融機関は私たちの自由をおびやかす危険な存在だ。常備軍よりはるかに」。

現代のイルミナティおよびフリーメイソンに対し、多くの陰謀説支持者が不安視している有名な説がある。この説によると、その中枢にいる特権階級（エリート）の人たちは世界中の一般市民を統制して操るために、金融や教育、メディアなどあらゆる資源を手中に収めているという。どちらの秘密結社も「世界新秩序」という思想に

右：19世紀のフランスの版画。「イルミナティの承認儀式（イニシエーション）」を描いたものではないかといわれている。

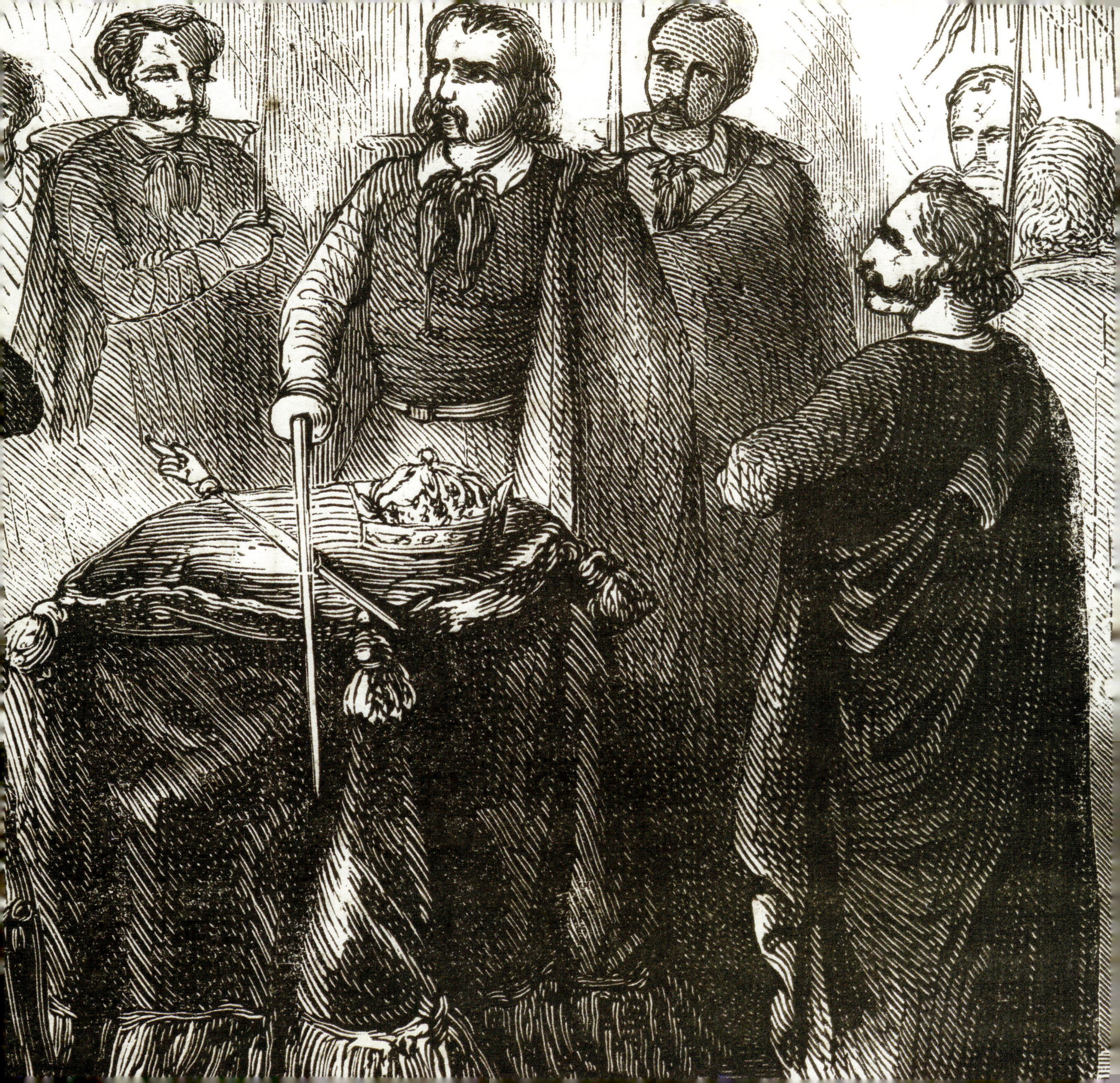

ANNUIT
MDCCLXXVI
NOVUS ORDO SECLORUM

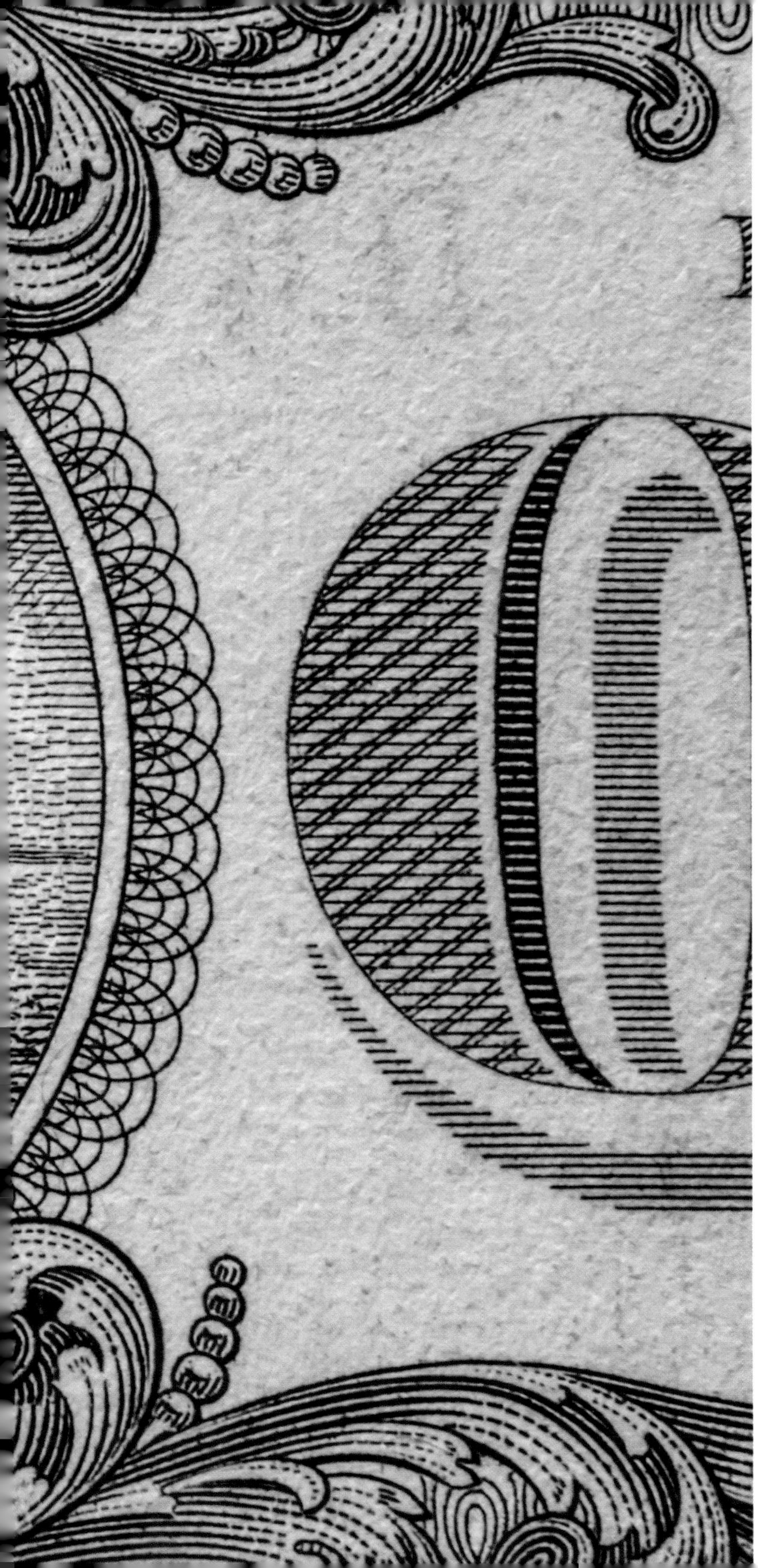

結びつく、さまざまな陰謀に関与している、と考えられている。

古代レプティリアン（爬虫類人）・エリート説

有名な陰謀論者デイヴィッド・アイクが主張し続け、実際に証拠と称するものを挙げている説がある。地球にいる人間の意識は操られ、何世紀も前から人間は家畜並みに扱われているというのだ。アイクによれば、生きるために欠かせない食料や水、空気に何らかの物質を混ぜるという横暴な方法で、人々はコントロールされ続けている。そのたくらみは一部の特権階級によるもので、それによって普通の人々を徹底的に服従させたのだという。権力者を輩出しているのはいわゆる「支配階級」に属する、慎重に縁組を重ねて血統を保ってきた一族であり、たとえば、王室一家や大統領、首相や資産家などだ。アイクの発想は、聖書の文言や民間伝承からヒントを得ている。いわく、何千、何万年も前に、別の星から地球に来たエイリアンであるレプティリアン（爬虫類人）が、ヒトのDNAを操作し、人類を支配しているのだと。

新世界秩序説

陰謀説を信じる人々によると、イルミナティは「新世界秩序」を目指しているという。新世界秩序では、イルミナティが地球全体を統治し、コントロールする。すべての権力は中央に集められ、個々の国民国家は一つもなく、宗教はそのような全体主義の新世界秩序に慎重に組み入れられ、管理されるようになるだろう。1990年代になるまで、この陰謀説は米国の二つの派閥だけに限られた話だった。その二つとは、反政府的な民間武装集団（ミリシア）、そして“この世の終わり”と反キリスト教の出現を恐れるグループだ。

1991年、ソビエト連邦の解体によって共産主義が崩壊した。こうした世相を受け、キリスト教関連の作家でテレビ伝道師のパット・ロバートソン（1930年～）が『新世界秩序』（原題：*The New World Order*）を発表し、“闇の世界”の権力者を取り上げた。そこにはフリーメイソン、イルミナティ、ニューエイジ運動、銀行をはじめとする金融機関、ロックフェラーを中心とする三極会議といった団体の名前が挙げられていた。彼らのもくろみは、

左：陰謀好きにいわせれば、フリーメイソンとイルミナティの両方のシンボルに関わる「プロビデンスの目」が、米国ドル紙幣に刷られている事実こそ、これらの組織が米国政府に及ぼしている影響力の決定的証拠だという。

上：政治家で事業家のセシル・ローズ（1852～1902年）。彼は、米英間の同盟関係をベースに、1891年に初めて「単一世界政府」というアイデアを思いついたといわれている。

単一世界政府の樹立だ。また、一部の陰謀ファンは以前から次のように指摘する。すなわち、共産主義の崩壊以降、歴代米国大統領はたびたび「新世界秩序」という表現を実際に使っていると。そのほかにも、デンバー国際空港の地下には、新世界秩序の政府が設置される予定の巨大な地下都市がある、と信じる者もいる。

ビルダーバーグ・グループ

冷戦を背景として世界が分断するなか、この秘密グループは1954年に産声を上げた。西側諸国の重要人物が集まり、米国、カナダ、そしてヨーロッパ間の緊密な関係性を支えるために、「大西洋主義」という理想の推進を目指した。このグループの創始者であるオランダのベルンハルト殿下（1911～2004年）は、産業界や金融界、政界から、要人を集めた年次会議を主催した。そこで扱われる国際問題の討議内容は、すべて非公開である。毎年、120～150人が招待されるこの会議では、話し合いはするが、決議の採択や投票、方針声明はない。陰謀論者はしばしばこの会議の開催地を遠巻きに眺め、ここでは実は、どう考えてもきな臭い話、つまり「単一世界政府」の実現のための準備が話し合われていると主張する。陰謀説好きがこう噂するようになった理由はいくつもある。その一つが、最近までこのグループの活動は、主なメディアでまったく取り上げられなかった、という経緯だ。

右：ドイツで開かれた2016年のビルダーバーグ会議では、会場の建物の外に大規模な抗議デモが起きた。デモに参加した人々は、この特権階級グループが新世界秩序の黒幕だと信じている。「プロビデンスの目」に注目。

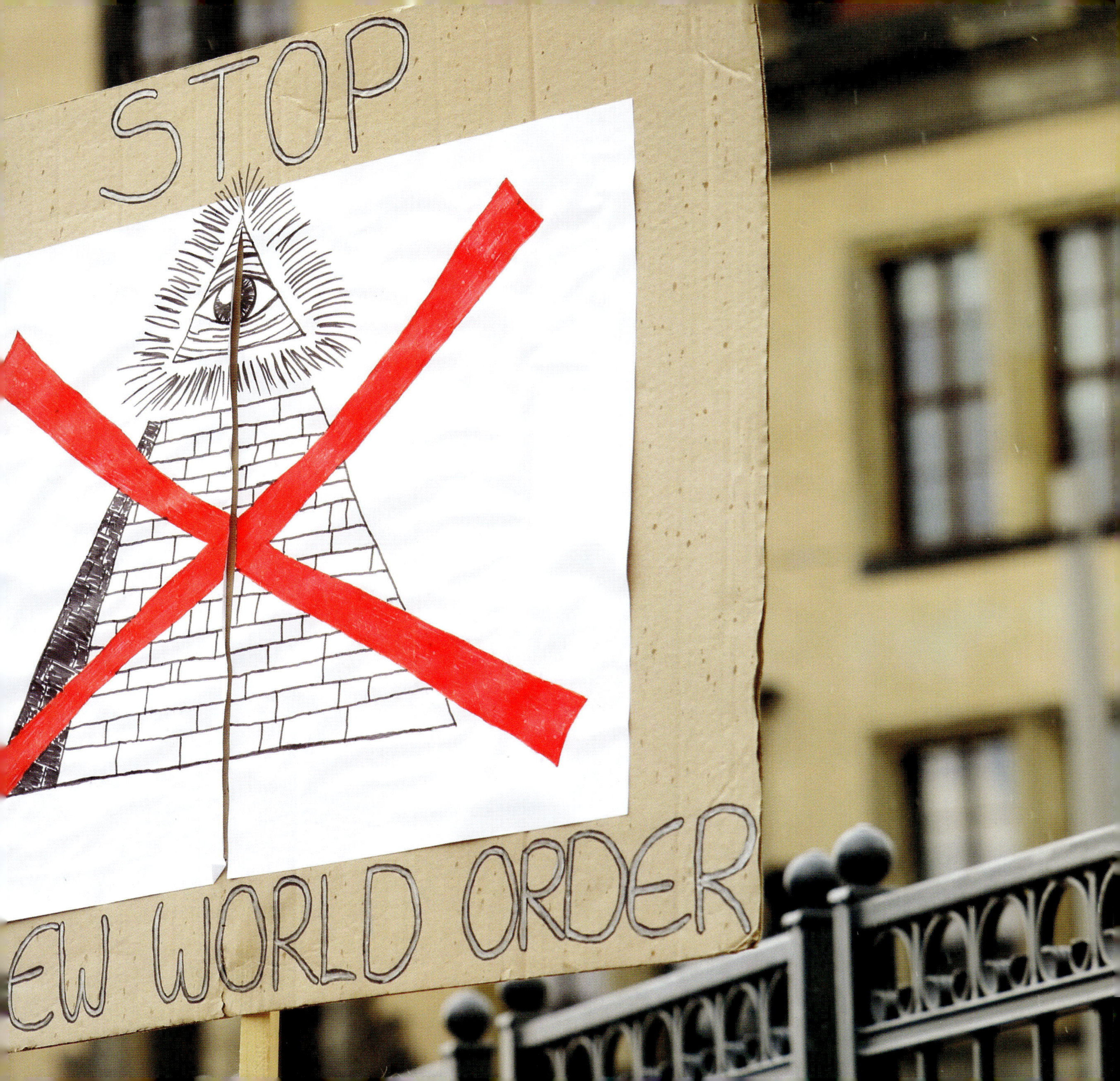
STOP
EW WORLD ORDER

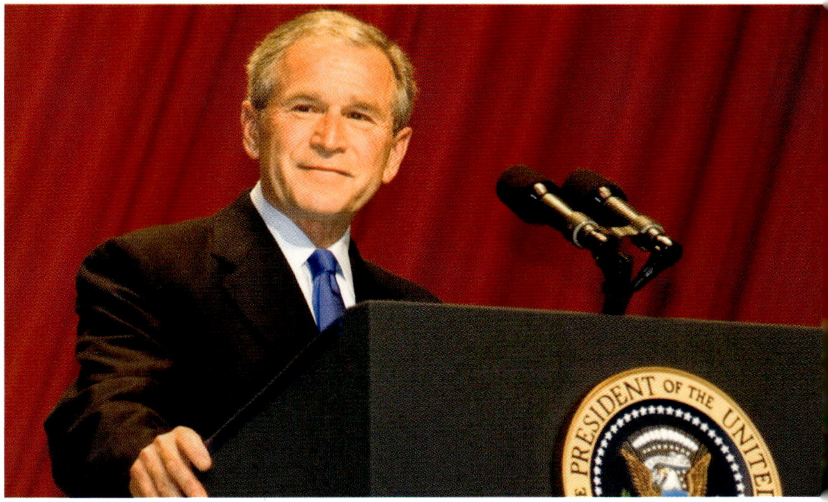

上：ジョージ・W・ブッシュ。スカル・アンド・ボーンズの OB。

スカル・アンド・ボーンズ

スカル・アンド・ボーンズ（頭蓋骨と骨）は、1832年設立の秘密結社である。メンバーは「ボーンズマン」と呼ばれ、イェール大学の卒業生に限られている。会合は「墓（トゥーム）」と呼ばれる窓のない建物で行われ、その活動内容はいっさい外部に漏れない。慎重に選ばれたメンバーの多くが特権階級（エリート）出身者だ。OB であるブッシュ父子はどちらも米国大統領在任中、自分の陣営にボーンズマンを登用した。2004年に大統領選挙で闘った子ブッシュとジョン・ケリー（1943年～）は、いずれもボーンズマンだ。ボーンズマン出身の米国大統領は3人いる。政界全体でも、そうそうたる顔ぶれを多数輩出している。ほかにも、中央情報局（CIA）創設の立役者の一人、ジェイムズ・ジーザス・アングルトン（1917～1987年）や、モルガン・スタンレー共同創設者ハロルド・スタンレー（1885～1963年）、『タイム』誌創立者かつ発行人のヘンリー・ルース（1898～1967年）らが名を連ねる。イェール大学は1969年に男女共学になったが、スカル・アンド・ボーンズは1992年まで男の砦であり続けた。この年、この秘密結社の委員会の投票により、女性メンバーの入会がようやく認められた。

左：「墓」。イェール大学にあるスカル・アンド・ボーンズのクラブハウスのポストカード。

軍事作戦

軍事作戦こそ、秘密裏にことを運ばなくてはならない。奇襲が成功すれば、戦況はがぜん有利になる。それはそれとして、真珠湾攻撃について伝えられる史実を疑う人々がいる。米国当局はこの攻撃について事前に知っていたのに回避行動をとらなかった、というのだ。また、米国海軍が行ったフィラデルフィア実験を成功させるには、隠密性が至上命令だっただろう。この実験の目的は、戦艦などの大型兵器を敵のレーダーに探知されないようにすること。しかも近距離でもこれを成功させようとしていた。ほかにも、帰還兵について隠された真実がある。帰還兵の中には勲章や称号を授かり、活躍をたたえられ、恩給を受ける者もいる。しかし、彼らの肉体や精神の健康状態はどうなのか？　政府の支援は十分か？　あるいは陰謀説マニアが疑うとおり、政府はみずからの大罪をもみ消そうとしているのか？

真珠湾攻撃

1941年12月、大日本帝国軍はハワイの真珠湾に停泊していた米国の艦隊に奇襲攻撃をかけた。この攻撃で2400人の米国人が死亡した。米国は日本に宣戦布告し、第二次世界大戦に参戦する。しかし、米国政府はこの“奇襲”攻撃のことを本当に知らなかったのだろうか。1941年の開戦から1945年の終戦までの間、米国は真珠湾攻撃についてたびたび調査し、終戦時には議会聴聞会まで行った。その結果、アメリカ合衆国は奇襲を知り得なかった、という結論を出している。その理由として、陸軍と海軍との間の意思疎通が不十分で、日本軍の戦力をかなり低く見ていた状況を挙げた。

しかし、真珠湾攻撃について何年も調査した人々が出した結論はこうだ。米国政府はこの作戦を事前に知っていたが、あえて何もアクションを起こさなかった。当時の大統領ルーズベルトは、第二次世界大戦への参戦の口実を求めていたからだ。日本とドイツは同盟関係にあったので、両国は当然、戦況について極秘情報

右:1941 年 12 月、真珠湾攻撃で被弾し、爆破される米国艦隊の駆逐艦ショー。米国政府はこの攻撃について、事前にどれだけ把握していたのだろう。

を共有していた。そのなかで米国は、いわゆるコードネーム“パープル”（訳注：高い技術水準の暗号で、日本が当時使用していた外交暗号に対して、米国側がつけたコードネーム）のメッセージを傍受し、1941年6月にドイツがソ連へ侵攻することを知った。こうした背景から、ルーズベルト大統領は近いうちに真珠湾攻撃がある、と知っていたはずだ、と陰謀好きは推理する。米国は日本の情報を解読できたはずだというのだ。

フィラデルフィア実験

1943年10月、米国ペンシルベニア州フィラデルフィア沖にある海軍造船所で、ある軍事実験が行われたといわれている。その実験では、米国の駆逐艦エルドリッジを敵のレーダーから消そうとしていたらしい。海軍はこの情報を否定しているが、この話が初めて1955年に告発されて以来、陰謀説の一つとして頻繁に取り上げられている。そのシナリオでは、アインシュタインの統一場理

左：1941年の日本軍による真珠湾攻撃では、米軍戦艦18隻が撃沈・座礁した。
下：1984年の米国映画『フィラデルフィア・エクスペリメント』のスチール写真。1943年に実際にフィラデルフィア実験が行われたという架空の設定で、米国駆逐艦エルドリッジとその乗組員に起きたことを描いたSF映画。

論を応用すれば、戦艦を（訳注：レーダーに探知されないどころか）物理的に消せる、と言い切る。目撃者の証言には、戦艦が“見えなくなった”という話から、“緑色の霧”に包まれたという説までいろいろある。また、乗船していた海兵隊員のなかには、気分が悪くなった、あるいは精神に異常をきたした者もいたという。

陰謀ファンは、実験現場にいた海兵隊員はある種の催眠術をかけられ、この実験について沈黙させられた、と考える。また別の説では、海軍はこの実験を繰り返し、戦艦エルドリッジをバージニア州ノーフォークへテレポート（瞬間移動）させることに成功したという。その後、ふたたびテレポートでフィラデルフィアに戻る前にエルドリッジがノーフォークで停泊しているのを、別の海軍艦艇が目撃した、という情報もある。この実験のメカニズムの説明は科学的でもなんでもない。それでも人々はフィラデルフィア実験に魅せられ、その筋書きは多くのSF物語のモチーフとなっている。

湾岸戦争症候群

1990年、米国を中心とする多国籍軍のイラク派遣が決まった。

下:1991年、ワクチン接種を受ける英国軍部隊。致死率の高い化学兵器を使っても味方に影響が出ないよう、兵士に注射を打った。しかし、その副作用が湾岸戦争症候群の原因ではないか、と問題視されている。

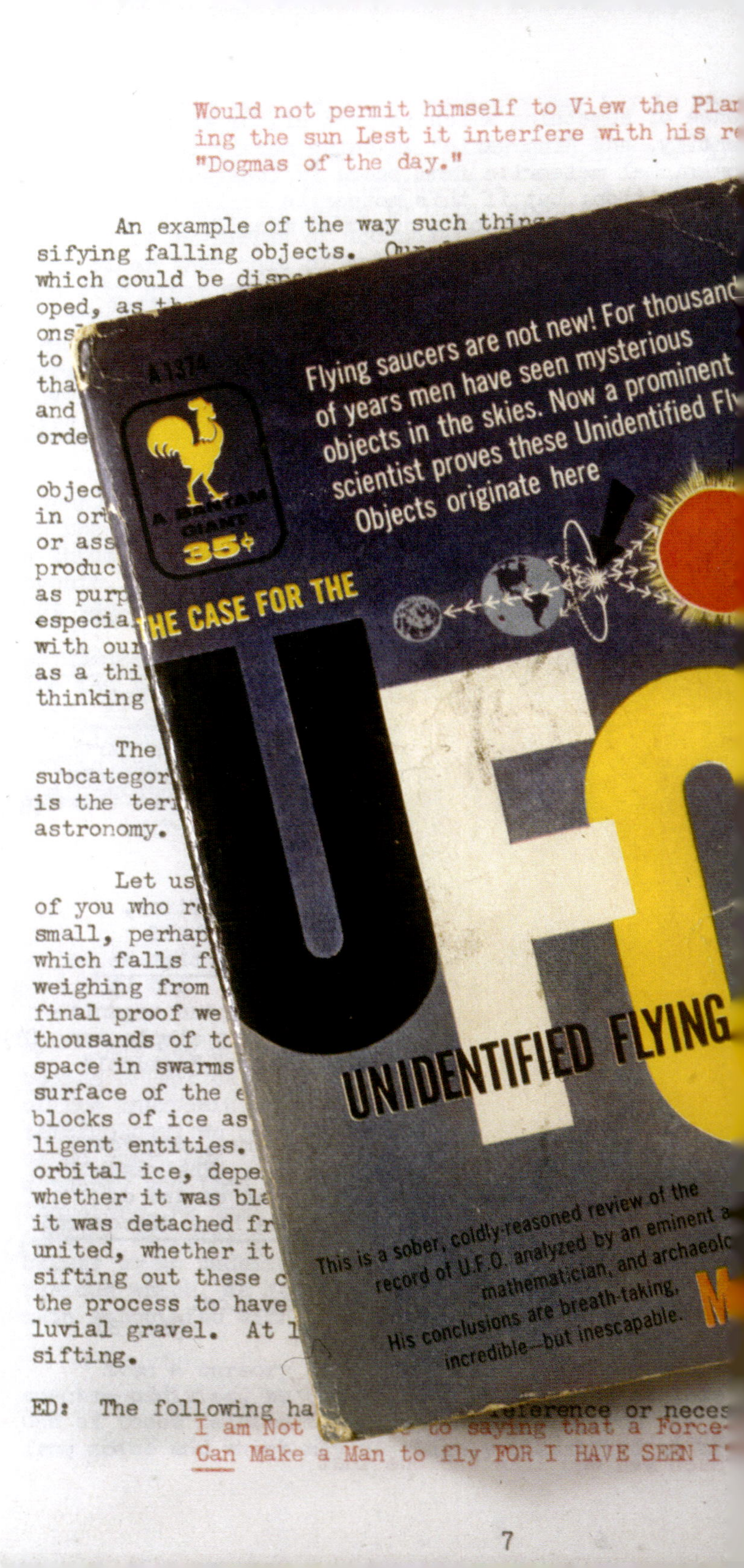

右：M・K・ジェサップ著『UFOにまつわる事件』（原題：*The Case for the UFO*）の原稿の写し。宇宙人の存在やUFO、それにフィラデルフィア実験にまつわる、出典不明の注釈が数多く記されている。

& I know the cause of this flight & Am Not disturbed Paris Exhibition, 1951, Scientist from a Paris University Demonstrated this. An AP PHOTO WAS SENT TO U.S. SHOWING THIS ACTION.

U.S. NAVYS FORCE-FIELD EXPEIRIMENTS 1943 OCT. PRODUCED INVISIBILITY OF CREW & SHIP. FEARSOME RESULTS. SO TERRIFYING AS TO, FORTUNATELY, HALT FURTHER RESEARCH. (Mr. A)

We went through similar compelling experiences with regard to falling

(9)

stones, falling live animals, and falling animal or organic matter. We found that life arriving from the sky was almost universally of a low order, such as reptilian or aquatic, and we found that some of it involved such intellectual elements as functionality, localization of target and repetition in fixed areas. The only common denominator for all the observed conditions turned out to be--of all things--hydroponic tanks in space craft!

ON THE HEAD! (Mr. B)

And if we are confronted with a falling object of crystalline rock obviously shaped as an optical aid, are we to cravenly call it an erratic, and discard or ignore it? And are we to cringe before the deposition of a few hundreds of dead birds from the heavens, all on one city, but of species completely scrambled and mostly unknown within hundreds of miles of that city?

What would you do with a piece of meteoric iron, unmistakably shaped by intelligent hands, but which was equally unmistakably removed from solid formations of the geological Tertiary Age of 300,000 years ago? Wouldn't you perhaps reshuffle your conception of the antiquity of intelligence and wonder whether it was, for a fact, indigenous to this planet?

If you found raw meat, with hair attached, falling over a two-acre space, from a clear and undisturbed sky, wouldn't you struggle even harder to find some kind of category for it, and a common denominator of explanation relating it with other phenomena?

SPOILED FOOD, DROPPED. (Jemi)

If you found that water sometimes arrives from the sky in solid masses, flooding little brooks until they washed away villages, but neglecting the brooks a half mile away, wouldn't you look for a category outside routine meteorological storms?

These problems all had to be faced. Something had to be done about them--and they all arose from objects falling from the sky. Also, they had to be distinguished from meteorological storms--for some of the clouds which we studied just appeared, spat a stone or two and passed on. They were not thunderstorms. What were they?

U.S. DEPARTMENT OF
HOMELAND SECURITY
FEM

これはイラクによるクウェート侵攻を受けたもので、西欧諸国の大半の人々が、事態解決には思い切った軍事行動もやむなしと考えた。この戦いは、のちに第一次湾岸戦争と呼ばれる。遠征は比較的短期間で終わり、多国籍軍は成功を収めた。しかし、相当数の軍関係者が帰国後、さまざまな不調に苦しんだ。帰還兵は主に、めまい、極端な慢性疲労、不眠症や呼吸器疾患などを訴えた。

こうした症状に加え、戦地から帰還した兵士が苦しむさまざまな疾病は、総称して「湾岸戦争症候群」と呼ばれるようになった。数多くの医師が診療したが、これほど多岐にわたる症状の原因を突き止めることはできなかった。米国退役軍人局は、この問題について一貫して歯切れが悪いため、政府のたくらみを疑う人々の間でさまざまな憶測が生まれた。原因については、普段から部隊に支給されている炭酸飲料に含まれた合成甘味料だとする説から、甘味料よりもはるかに凶悪な化学兵器の副作用のせいにする説まで、いろいろある。

FEMA(米国連邦緊急事態管理局)

米国連邦緊急事態管理局(FEMA)は、1979年4月、ジミー・カーター大統領(1924年〜)が設立した政府機関である。設立目的として、災害、それも地域では手に負えない国家レベルの災害が勃発したときの、対策の調整や実行を掲げている。発足のきっかけは、ペンシルベニア州で同年3月に起きたスリーマイル島原子力発電所事故だった。その翌月には政府機関として活動を始める。2003年まで、FEMAは独立機関だった。しかし、9・11アメリカ同時多発テロの攻撃を機に、新しくできた国土安全保障省の下位組織となったのである。

ところが、2005年に起きたハリケーン・カトリーナ災害では、FEMAの事前対策はことごとく後手に回り、対応の指揮系統もひどかった。そのため、FEMAの自然災害対策のお粗末さに世間の注目が集まった。FEMAが運営する緊急用キャンプの建物は事実上、強制収容所ではないか、と陰謀好きは詮索する。国土安全保障省が裏で糸を引き、ここに反乱分子や反政府派を拘束しようとしている、というのだ。これは新世界秩序を目指す構想の一環で、戒厳令を発令せざるを得なくなる事態を想定しているらしい。

左:米国ワシントンDCにあるFEMA本部。

巨大資本の陰謀

すでに本書では、石油業界が環境に優しい代替エネルギーの開発に対して積極的ではないし、自分たちに都合よく価格や市場も操作している、という考えを紹介した。医薬品業界にも同様の打算がある。医薬品企業は私利私欲に走り、そのしわよせは消費者に行っている。ほかにも巨大資本のからむ陰謀には、保険金の損失を補填しようとした偽装工作や、金融機関による欠陥商品の企画、販売、それに立場が弱く、しかも何の疑いも持たない市民を狙い、金を巻き上げようとするインターネット詐欺などがある。こうした悪だくみの大半が結局はあばかれ、しかるべき処分を受けている。しかし一つだけ、この先も十分に解明されない謎がある。それは、“不沈船”タイタニック号が海の泡と消えた海難事故だ。

タイタニック号

ロビン・ガーディナーは1998年に発表した著作『なぜタイタニック号は沈められたのか』（原題：*Titanic: The Ship That Never Sank?*）のなかで、1912年4月にイギリスのサウサンプトン港を出港したのはタイタニック号ではなく、その姉妹船、オリンピック号だったと主張する。1910年に進水したオリンピック号は外観がタイタニック号とほぼ同じで、航海の少し前の1911年9月に英国海軍の船と衝突事故を起こし、修理をしたばかりだった。その後、衝突の過失はオリンピック号にあるとわかり、担当保険会社だったロンドンのロイズは、タイタニック号とオリンピック号を保有するホワイト・スター・ラインへの支払いを拒否。そのため、この2隻の船はすり替えられた。タイタニック号の完成が遅れていたため、“つぎはぎ”したオリンピック号にタイタニック号と名乗らせ出航させた、というのだ。

この説を裏づける証拠のなかで、何よりも説得力があるのは、タイタニック号の左舷側にあった、わずかな傾きである。この特徴は、オリンピック号が事故で被害を受け、その修理をした部分とまぎれもなく一致する。これ以外にも、この船の実質的なオー

右：タイタニック号（それともこれは、オリンピック号だったのか？）は、みるみる沈没したので、多くの人が助からなかった。

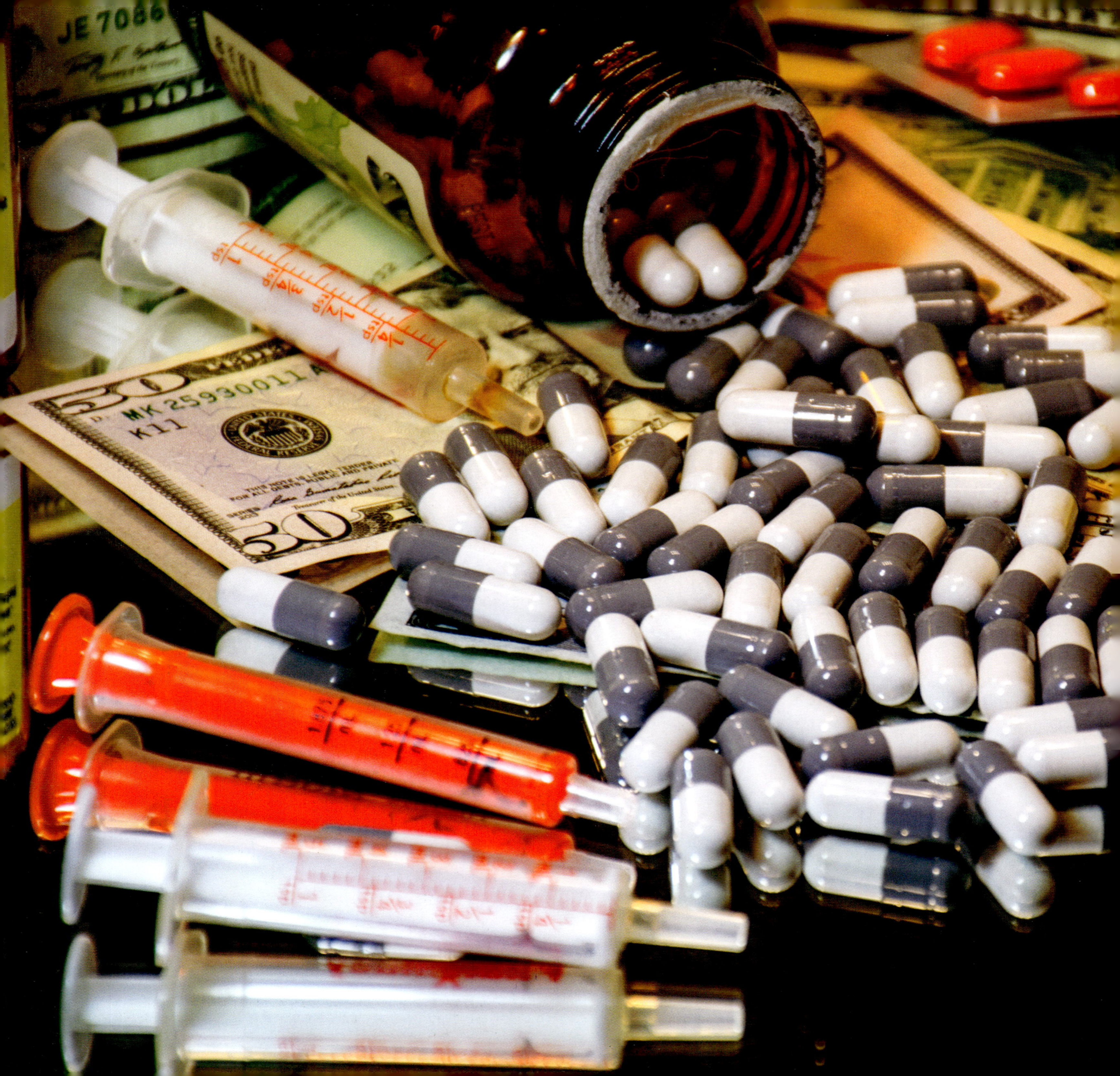
JE 7086
MK 25930011 A
K11

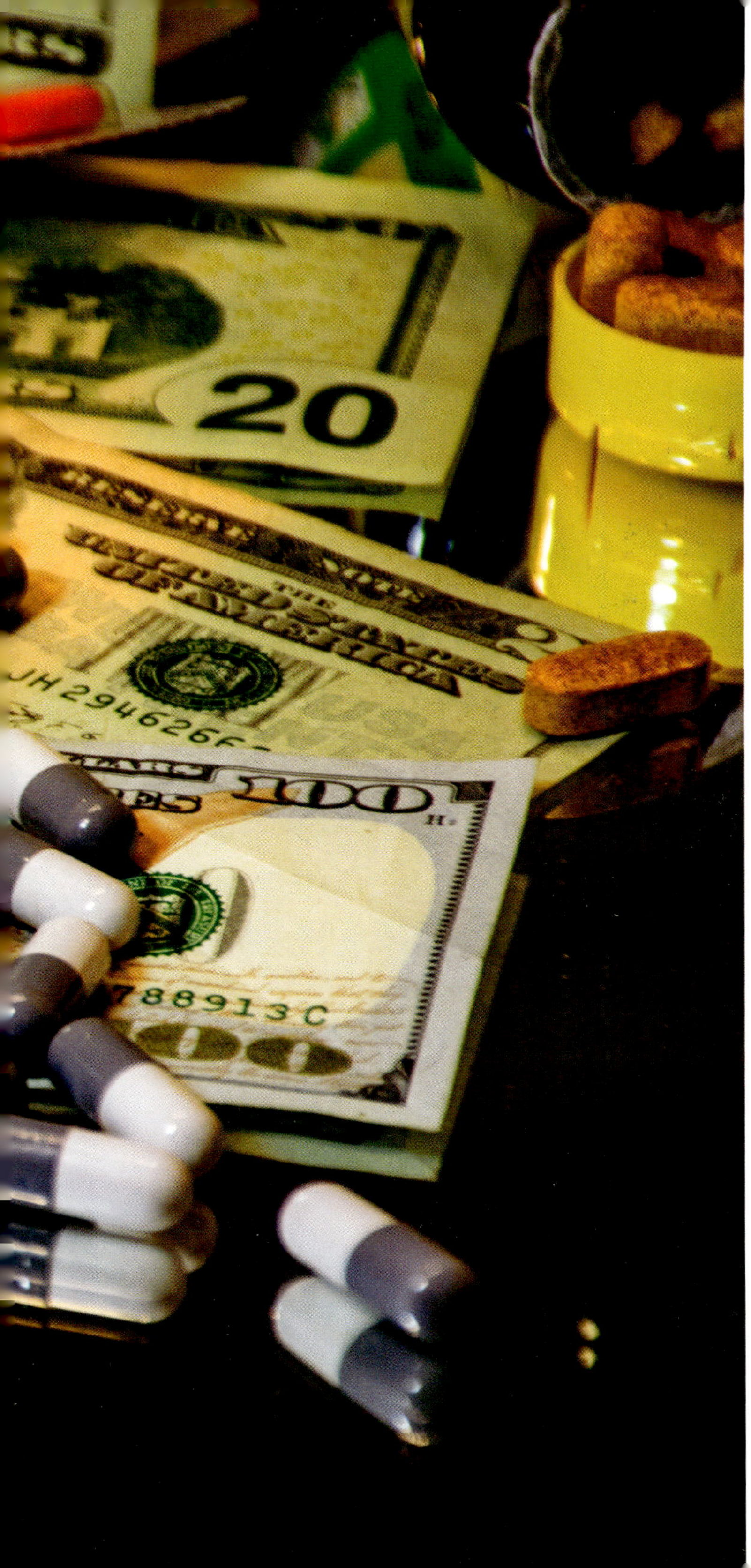

ナーである銀行家のJ・P・モルガンが、金融界のライバルをつぶそうとした、という説も以前からささやかれている。当時、米国政府は連邦準備金制度を立ち上げて経済の安定化を図ろうとしており、モルガンはそれを全面的に支援していた。これに反対していたジョン・ジェイコブ・アスター4世（1864〜1912年）とベンジャミン・グッゲンハイム（1865〜1912年）はいずれも、タイタニック号に乗船して命を落としている。

巨大製薬会社（ビッグ・ファーマ）

製薬がからむ陰謀説では、巨大製薬会社が製薬業界と結託・共謀して人々をだまし、患者よりも利益を追求している点が厳しく問われている。巨大製薬会社を指す“ビッグ・ファーマ”という言葉が最初に使われたのは、ジャーナリストのジャッキー・ローの著書『ビッグ・ファーマ：世界最大の製薬会社がいかに病気を操作してきたか』（原題：*Big Pharma: How the World's Biggest Drug Companies Control Illness*）のなかである。この本は2006年にイギリスで、のちに米国で刊行された。この本で著者は、ヘルスケア問題の研究対象は、どういうわけか製薬会社が決めており、医療専門家や一般の人々の興味や関心事で決まるわけではない、という問題を取り上げている。

ローがまず注目したのは、イギリスの医薬品業界、政府の規制不備、そして異様に高い薬品の価格だった。またローは、この業界の科学分野における優越性より、マーケティング・テクニックやPR活動の巧みさを取り上げた。それらが功を奏したおかげで、薬品業界の営業戦略はずっと邪魔されずにいまに至る、とローは指摘する。さらに、医療専門家や政府に対しても批判的だ。両者とも、製薬会社が新薬の特許を獲得する方法に無関心か、さもなければ共謀しているように見えるという。そのうえ、ある薬品の特許が切れたあとに、ジェネリック薬品、つまり、はるかに安い代替薬が普及するのを、特に製薬会社が妨げている。ここでもまた、政府はどうやら意に介さないのが普通になっているらしい。

2005年に書かれた『ビッグ・ファーマ：製薬会社の真実』（原題：*The Truth About The Drug Companies*）の著者マーシャ・エンジェルは、医師だ。そのエンジェルもまた製薬会社を批判し、著書の中で、特許薬の多くが実は効果が低く、とにかく特許を得るためにねつ造した実験データを使っている、と述べている。

左：製薬業界は、世界でも有数の巨大産業で、そして間違いなく世界規模で利益を上げているビジネス（推計6000億米ドル）だ。しかし、一部の陰謀説支持者は、製薬業界の実態はモラルに欠けている、と考える。

街なかのテロ

「テロリズム」では、罪のない人々が殺される。そして、恐怖心がより多くの人に広がる。「恐怖」を語源とするこの言葉は、18世紀末、フランス革命で初めて使われ、20世紀後半になってからは頻繁に耳にするようになった。1970年代以降、対英テロ闘争（アイルランド独立闘争）を起こしていたアイルランド共和軍は「テロリスト」と呼ばれ、イギリス本土（ブリテン島）に爆弾をいくつも仕掛けた。また、世界各地で体制に不満を持つグループ、たとえばパレスチナ解放機構（PLO）、アフリカ民族会議（ANC）、イタリアの極左組織「赤い旅団」などが、散発的なテロ攻撃を仕掛けた。1990年代に入るとテロはさらに頻発する。テロの手法もさらに大胆になり、犠牲になる死者も増えた。それにしても、テロリストのねらいは恐怖の拡散だけだろうか？　こうしたテロ攻撃の本当の黒幕は誰なのか？　陰謀説のなかでも特に複雑怪奇だといわれるのが、2001年9月11日、

下：2001年9月11日、ニューヨークの世界貿易センター（ツインタワー）が攻撃されて崩壊した。しかし、崩壊原因は火災ではなく、2棟のビルに仕掛けられていた爆弾の「制御解体」によると陰謀説支持派は信じている。

右：9・11テロ攻撃は、米国政府が仕組んだものなのか？　このときの一連の攻撃は、アフガン侵攻の口実を作るためのものだったのだろうか？

Chadwell Heath

いわゆる「9・11」をめぐる一連の出来事である。4機の旅客機がハイジャックされ、米国各地の標的を攻撃するミサイルとして使われた。死者はおよそ3000人で、負傷者の数はその2倍以上だ。事件直後、米国大統領ジョージ・W・ブッシュは「対テロ戦争」の開始を宣言し、攻撃の首謀は国際的テロ支援組織「アルカイダ」だと断じ、アフガン侵攻の正当性を議会と米国国民に信じ込ませた。

そして、いわゆる「9・11真相究明運動」が発足した。これは陰謀説を支持する有志が自然発生的に集まったグループだ。このメンバーは、テロ攻撃に関する政府調査を疑い、政府は結局この事件を開戦の口実にしたのではないかと考えている。陰謀論者が知りたがっている真相がある。それは、米国政府およびその機関が、この同時多発テロの計画を事前につかんでいたかどうかだ。もし知っていたら、政府やその機関が何らかの形でこの事件に共謀したことにならないか？　最初の攻撃の直後、政府が北米航空宇宙防衛司令部（NORAD）に警備体制を解くように命じたという噂もあることから、その可能性も否定できない。陰謀説支持派が納得しない点はまだある。9・11に関する政府の公式声明と実際の証拠には、食い違いがいくつもあるのだ。

ロンドン同時爆破テロ

2005年7月7日、ロンドンの地下鉄車両3両とバス1台が爆破された。捜査に乗り出したロンドン警視庁は、監視カメラに映った4人の動画を公表した。いずれもイギリス生まれのイスラム教徒で、この4人が死者52人、負傷者100人以上を出したテロ攻撃の実行計画犯ではないかと考えられた。監視カメラの動画はルートン駅で撮られたもので、実行犯の容疑者4人はここを起点に移動を始めた、と見られている。ところがこの動画に記録された時刻が正しいとなると、ロンドンで実際に爆発が起きた時刻と一致しない。これ以外にも不審な点がいくつかあるため、爆破テロは実は、政府の策略の一つとして実行されたものであり、反イスラム感情をあおることで「対テロ戦争」を正当化しようとしたのでは、と政府の公式発表を疑う人々は言い続けている。

左：2005年7月7日、ロンドンのタビストック広場で爆発したバスの残骸。自爆テロ犯を含む14人の命が奪われた。

上:1999年9月に破壊されたアパートの一つ。これらは、ウラジミール・プーチンを大統領の座に押し上げるために、わざと爆破されたのだろうか?

ロシア高層アパート連続爆破事件

1999年の夏も終わろうとするころ、ロシアの3都市で集合住宅が次々に爆破され、293人が亡くなり、1000人以上が負傷した。この危機に対応したのは、当時ロシア連邦の首相に就任したばかりのウラジミール・プーチン(1952年〜)だ。プーチンの采配、なかでも、リャザン市で5番目の爆弾を発見し、処理した一件は、称賛を集めた。プーチンは、このテロ攻撃はチェチェン共和国の仕業であるとし、首都グロズヌイへの緊急爆撃を指示する。彼は数カ月後には、ロシア連邦の大統領に就任した。

この事件以降、公式調査を求めた政治家が何人か、不自然な死を迎えている。また、ライターやジャーナリストも数人、同じような死に方をした。なかでも有名なアレクサンドル・リトビネンコ(1962〜2006年)の死は報道をにぎわせた。彼はロンドン滞在中に放射性物質のポロニウム210の被爆を受け、中毒死した。

権力者の事実隠しを信じる多くの人は、ロシア連邦保安庁(FSB、ロシアの治安当局)がこの殺人事件の黒幕だと考えている。したがって、FSBがプーチンの命令で爆破事件を起こした可能性は十分に考えられる。ソビエト連邦時代にはソ連国家保安委員会(KGB)の情報部員だったプーチンが、みずからの政治的野心をかなえるために仕組んだ、というシナリオだ。

右:元KGBのスパイ、アレクサンドル・リトビネンコ。2006年11月に、放射性物質のポロニウム210で毒殺された。ロシアは現在も、彼の死への関与を否定している。

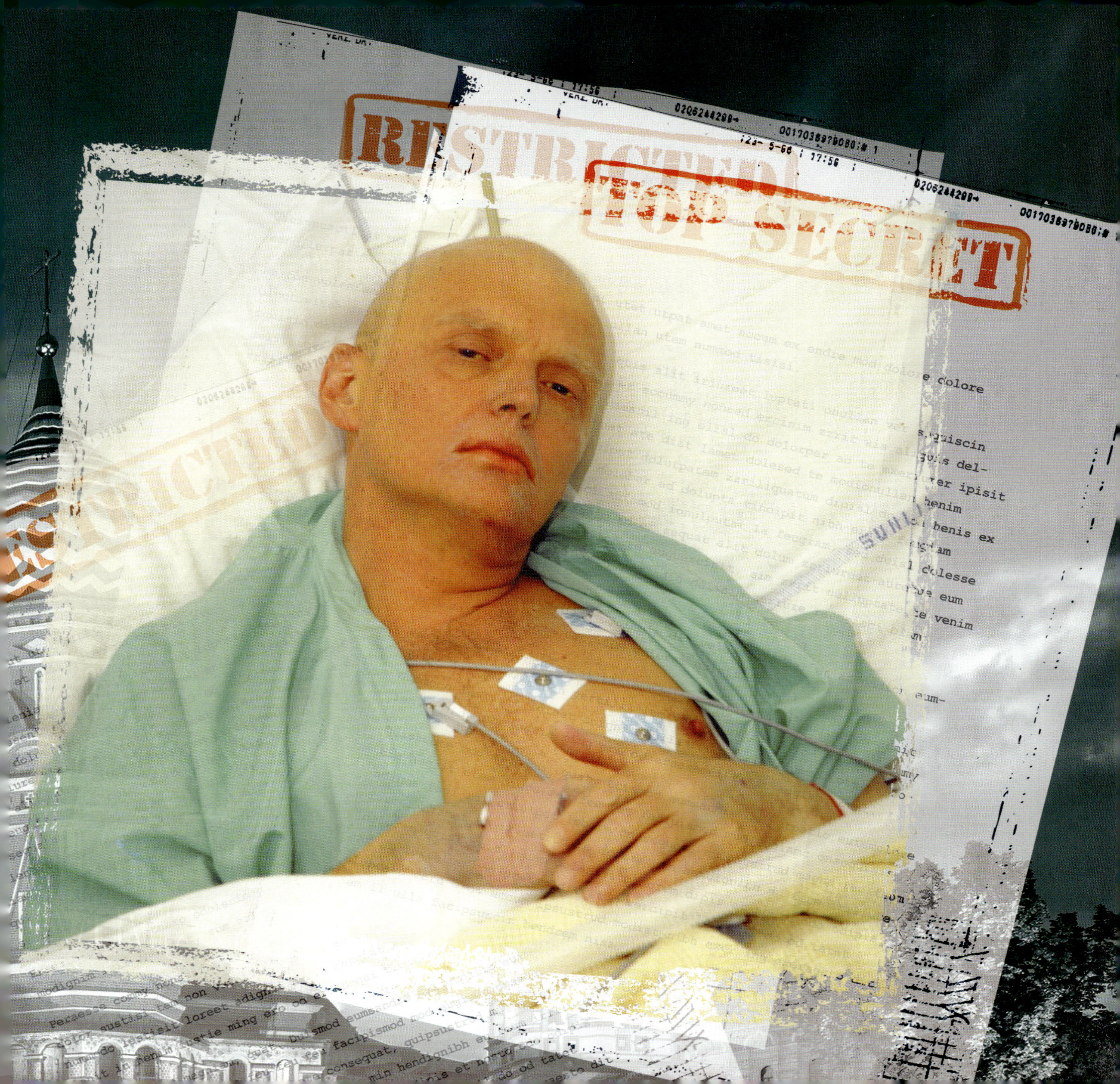
RESTRICTED
TOP SECRET
RESTRICTED

航空機事故の謎

統計上、死者の出る飛行機事故が起きる確率は440万回フライトに1回だという。それが、テロ事件による飛行機事故が起きる確率となると、1650万回フライトに1回、となる。飛行機墜落事故が現実に起きると、メディアはすぐにその原因がテロ攻撃なのか、人的なミスや機体の故障なのかを憶測したがる。ほとんどの人がまず「テロ攻撃だったのか？」と考える。テロ攻撃の確率は統計的に低いにもかかわらず。事故原因の証拠が不確かなら、陰に何かある、と疑う人々は、情報の断片をつぎはぎして原因について独自の説を打ち立て、調べたデータをネット上で共有したがる。それは、“納得できる”説明がなされるまで続く。また、一部の陰謀説支持派は、政府が墜落事故に関与した、と推理する。

パンアメリカン航空103便爆破事件

1988年12月、パンアメリカン（パンナム）航空ボーイング747型機がフライト中に爆発し、乗客243人と乗務員16人全員が死亡した。空中で爆発した機体の残骸は、スコットランドにある小さ

下：パンナム航空ボーイング747型機の残骸。1988年12月22日、スコットランドのロッカビー村の墜落現場。

左：パンナム航空機爆破事件は痛ましい航空事故だ。しかし、実は爆撃されたのではないか？

な村ロッカビーに落下。住民も巻き添えになって11人が死亡した。事件後すぐに判明した機体爆発の原因は、貨物として積まれていた荷物に仕込まれた爆弾だった。それから11年後、リビア当局はこの爆破事件の容疑者である男2人を国連代表に引き渡した。そして第三国であるオランダで、スコットランドの法律に基づいて裁判が行われた。2人のうち1人は無罪になり、もう1人のアブドルバセット・アリ・モーメッド・メグラヒ（1952～2012年）は有罪の判決を受けて終身刑となった。しかし、彼は底知れず深い陰謀計画の身代わり（スケープゴート）になった、と考える人は多い。

一説によると、これはイランによる報復だという。この爆破事件に先立つ5カ月前に、イランの旅客機が米国軍によって撃墜されていたからだ。そして、米国とイギリスは結託し、政治的な理由からリビアを陥れることにした、という説だ。また、可能性としては低いが、この航路は通常、CIAが違法ドラッグを輸送するために使われていた、という説がある。CIAは情報提供者から重要機密を集め、その見返りに違法薬物を与えていた。ところが工作員が裏切り薬物を爆発物にすり替えた、というのだ。

マレーシア航空370便

2014年3月、クアラルンプール国際空港から北京に向けて飛び立ったマレーシア航空（MH）の旅客機が、レーダーからこつぜんと姿を消した。この航空機の細かな破片はいくつか回収されたが、機体そのものはいまだに見つからない。行方不明になった原因について、捜査がいまも続いている。公式の発表には、この航空機はインド洋のどこかで消息がわからなくなった、とある。しかし、墜落したら通常、海に浮いたり、沖に流れ着いたりするはずだが、それらの部品も発見されていない。

そのため、この飛行機の失踪をめぐり、陰謀説がいくつも生まれた。ある説によれば、航空機はインド洋に浮かぶディエゴ・ガルシア米軍基地に着陸しているらしい。そこでCIAが、狙っていたある乗客を殺すことが目的だったというのだ。

また別の説では、この事件の黒幕は北朝鮮で、飛行機をハイジャックした、あるいはミサイルテスト中に誤って撃ち落とし、その事実を闇に葬った、ともいわれている。

そのわずか4カ月後の2014年7月、また、マレーシア航空の別の旅客機MH17便が、今度はウクライナ上空でロシア製のミサイル

右：マレーシア航空370便は2014年3月に、クアラルンプールから北京に向かう途中で消息不明になったという。

达
Arrivals
12:10
计划
始发/经停站
预计
出口
状态
6:30 吉隆坡 B 延误
0:35 厦门 11:00 B 到达
0:40 首尔金浦 10:34 B 到达
1:10 香港 11:19 B 到达
1:20 大阪 11:36 B 到达
:20 马尼拉 10:30 B 到达

5
RF 42
RF 22
RF 38

に撃墜された。このMH17便の機種がMH370便と同じボーイング777だったため、これは単なる偶然ではない、という憶測を呼んでいる。

このフライトで何が起きたにせよ、真相は闇のなかにある。この謎を解くカギは、いまのところまったく見当たらない。

トランスワールド航空800便航空機事故

事故発生から17年後の2013年のこと。トランスワールド航空（TWA）800便の事故に関するドキュメンタリー映像が作られた。いまだ真相が謎に包まれたままのこの事故が起きたのは、1996年7月だった。この飛行機は、ニューヨークのジョン・F・ケネディ空港を飛び立った直後に爆発した。米国国家運輸委員会（NTSB）による4年がかりの調査では、爆発の原因は、欠陥のあった燃料タンクと考えられる、とまとめていた。これとは別に調査を行っていたFBIは、この爆発につながる犯罪行為を見つけられなかったため、調査を終了させていた。

ところが、事件発生時から担当する捜査員の何人かがこの結論に納得せず、再調査を求めた。現在では多くの人が、この事件はミサイルが機体に命中した「誤爆」であり、それを政府が隠している、と考えている。1997年に、この説の概略を説明した本が出版された。主に目撃者の証言に基づいて書かれているが、NTSBはこうした人々が実際に見た内容に食い違いがある点を指摘し、証言には確たる信憑性がない、とみなした。もちろん証言の食い違いもまた、この事件にずっとつきまとう謎である。

左：TWA800便の機体主要部分。ニューヨークを離陸後すぐに墜落した原因をつきとめようと、科学捜査の専門家が調査している。ほんとうに誤爆だったのか？

世界の指導者

ここでは西側諸国の指導者たちをめぐる陰謀を主に紹介する。とはいえ、こうした陰謀めいた話には、どこの国でも起こりそうなものもある。一つ例を挙げよう。サウジアラビアは世界でも有数の、金権政治がまかり通る国として知られている。その背景には、石油ビジネスがもたらす巨万の富と、武器輸出をめぐる西側諸国との複雑なかけひきがある。陰謀説を信じる一部の人は、グローバル化のせいで金権政治が横行し、それが世界の指導者の間でも当たり前になった、と主張する。陰謀論者の多くは、こうした指導者は新世界秩序に与(くみ)する者だ、と警戒する。その秩序の下で絶対的権力を握るのは、ごくひと握りの者だけだ。

ブッシュ大統領とブレア首相、そして大量破壊兵器

2003年3月、米国大統領ジョージ・W・ブッシュは、連合軍のイラク侵攻を発表した。イラクは大量破壊兵器を保持している、ゆえにイラクの武装解除をしなければならない、ということが侵攻の大義名分だった。イギリス首相トニー・ブレアもよく似た声明を発表した。情報筋によるとイラクは大量破壊兵器を保持している、ゆえにイギリスは連合軍による侵攻に積極的に参加する、というものだ。両国とも自国防衛のための攻撃だとアピールしていた。米英両議会で宣戦布告に必要な法案が可決されてはいるものの、裏に何かある、と信じる人の多くは、イラク侵攻は違法である、と主張する。つまり、これはイラク産の石油を確保するための謀略だというのだ。その根拠として、米国は石油消費量の60%をイラクからの輸入に頼っている点を指摘する。

陰謀論者の読みはこうだ。第43代大統領ジョージ・W・ブッシュ（第一次湾岸戦争を開戦した第41代大統領の息子）とディック・チェイニー副大統領（1941年～）はいずれも、石油業界との癒着がある。そのため、「大量破壊兵器」という情報を巧みに操り、イラク侵攻を正当化した。陰謀説支持派がさらに主張するのは、

右：2003年9月、戦争に抗議する者たちがロンドンの通りを埋め尽くす。

WEAPONS OF MASS DESTRUC IRAQ- 0 USA- 10.000
Bliar
MAB FREEDOM FOR PALESTINE www.mabonline.net Muslim Association of Britain
MAB END OCCUPATION OF IRAQ www.mabonline.net Muslim Association of Britain
no more war
no more lies
CND
RAUS

米国は1991年以来、イラクを標的にしていたので侵攻する口実が欲しかった、という考えだ。事件後、イラクのリーダー、サダム・フセインがアルカイダとの関係からテロリストをかくまったという噂が広く流れたため、9・11テロ攻撃は侵攻を正当化する格好の材料となったという。陰謀論支持派が特に注目するのは、9・11テロ攻撃からひと月も経たないうちに、国防総省内部で特別計画室（OSP）が設立された点である。この機関の任務は侵攻の計画や調整で、先々イラクを意のままに操るために、当時の国防長官ドナルド・ラムズフェルド（1932年～）が生きた諜報資料を集めるための隠れみのだった、というのである。

バラク・オバマ

第44代米国大統領、バラク・オバマ（1961年～）。彼の名は2004年の上院議員選挙の出馬以来ずっと、陰謀説の話題に登場してきた。オバマは敬虔なクリスチャンだが、一説によれば、実はイスラムの教えもこっそり実践する。しかし、政治的野心の妨げになるので慎重に隠しているらしい。2012年、大統領1期目の終わりの世論調査では、米国保守系の3人に1人がオバマはイスラム教だと信じていた。オバマは、キリスト教の礼拝に熱心に通っていたが、陰謀好きの人々は、生みの親である父バラク・オバマ・シニア（1936～1982年）はイスラム教に賛同していた、という先入観を持ってオバマを見続けた。オバマ自身もまた大統領として「米国と、世界中のイスラム教徒との新たな始まり」と講演で語ったときに、イスラム教寄りであるとみなされた。

宗教についてオバマ大統領への批判が集まった出来事の一つに、ラジオ番組のパーソナリティであるマイケル・サヴェジ（1942年～）による保守派の討論番組がある。サヴェジはオバマ大統領をマルクス主義者で、“よそから来た権力強奪者”だと決めつけた。これは、オバマは米国生まれではないという噂があったからである。それというのも、出生地が米国でない者は米国大統領候補者になれない、という決まりがあるからだ。オバマ大統領の生まれはハワイだが、幼少のある時期をインドネシアで過ごしている。実の母親はインドネシア人のロロ・ストロ氏（1935～1987年）と再婚したが、このストロ氏もまた、イスラム教徒だった。

より幅広い文脈で考えると、オバマ大統領はあやつり人形でしかない、と言う陰謀論マニアもいる。ジョン・F・ケネディ以降

左：バラク・オバマ前米国大統領。

上：ドワイト・D・アイゼンハワーは、軍産複合体がはらむ危険性を 1961 年に警告していた。もしかすると、彼が最も恐れていたことがいま、起こりつつあるのか？

の米国大統領は全員「新世界秩序」に関わっているのと同じだ、というのだ。なかでも注目すべきは、オバマ大統領の在任中、多くの政策で、選挙公約とは真逆のことが行われたことだ。たとえば、大統領に選出されたらロビイストや寄付者を内閣から締め出す、と選挙公約に掲げていたが、この約束は破られ、中央政府の実権は“特権階級”が握っていることがはっきりと示された。

闇の国家

1961年1月、ドワイト・D・アイゼンハワー大統領（1890〜1969年）は離任の際、国民に向けた退任演説のなかで、“軍産複合体”と彼が名づけた存在への懸念を公式に示した。軍産複合体とは、兵器製造業者と軍の緊密な結びつきを指す。そこでは、必ずしも政府の承認を得なくても、ものごとが決められる。第二次世界大戦以降、国の方針はそのように決められ、進められた。民主主義の選挙で選ばれた代表者を無視する、このような根回しによる政治の進め方を、陰謀論支持派は「闇の国家」と呼ぶようになった。現在ではこの言葉は軍部だけではなく、司法制度や諜報機関についても使われるようになっている。研究者のアルフレッド・マッコイ博士（1945年〜）によれば、諜報機関は9・11後に、4つ目の米国政府の出先機関を作ったらしい。この機関は、「行政機関から自立し、ますます独立性をきわめている」という。

右：ホワイトハウスを実際に動かしているのは何者なのだろうか？

歴
ミス

の
リー

失われた文明

誰が、何のためにストーンヘンジを作ったのか？　そして、これを作った文明に何が起きたのか？　約5000年前に作られた遺跡ストーンヘンジは、何世紀も前から考古学者や人類学者を悩ませてきた。こうした謎がいまも解けずにいる理由、それは手掛かりになる文書記録が少ないことだ。考古学者によって発掘された多くの遺物の研究から、いくつもの学説が生まれた。しかし、この場所にいた人々の営みを伝える証拠はとても少ないため、陰謀説好きも仮説をいくつも立てた。その一つに、ストーンヘンジを作った人々は、宇宙からの移住者と共存していたに違いない、という説がある。こうした古代遺跡は世界各地にまだまだある。だからやはり、こう思わずにはいられない。「この文明に一体、何が起きたのか？」

前ページ、および左と下：ストーンヘンジ。グレートブリテン島の歴史を描いた『ブリュ物語』に記されているように、ストーンヘンジ建設を手伝ったのは巨人だったのか、それとも宇宙人だったのか。謎は尽きない。

ストーンヘンジ

考古学者の定説では、この地に最初にストーンヘンジが作られたのは紀元前約3000年ごろ。おそらく工事は3段階に分けて行われ、完成まで約1000年かかった、と考えられている。遺跡近くで発見された埋蔵品を調べると、この辺りは狩猟採集民が支配していたらしい。しかし、ストーンヘンジを作ったのも彼らだろうか？　ストーンヘンジについてはいまだにこうした謎があるため、陰謀説愛好家は決して退屈することはない。たとえばこんな説がある。グレートブリテン島の歴史を記した『ブリュ物語』という12世紀の書物には、ネフィリムという巨人族がストーンヘンジを作った、と書いてある。ほかにはもちろん宇宙人説もある。宇宙人たちはストーンヘンジのほかにも古代遺跡を数多く作ったといわれている。

世界中のさまざまな遺跡をマッピングする“ワールド・グリッド”という取り組みがある。遺跡をすべて線でつなぐと、網目模様が地球上に張りめぐらされる。この網目模様が、宇宙人のそもそもの目的だった、と歴史の定説を疑う人々はいう。古代遺跡の位置を結んでできる図形に初めて注目したのは、古代人の宇宙観を天文学に基づいて考察する考古天文学者の草分け、サー・ノーマン・ロッキャー（1836～1920年）という人物だ。

マヤ文明

マヤ文明は少なくとも約3000年前から存在したことは確かで、最も栄えた「古典期」と呼ばれる時代は西暦200年から900年頃だったことを示す証拠はふんだんにある。しかし、13世紀以降、この文明は不可解にも衰退していったらしい。マヤ文明はメソアメリカ文明の一つで、現在のメキシコ南部で圧倒的に栄えていた。その存在を証明する特に重要な古代都市には、コパン、パレンケ、チチェン・イッツァがある。こうした都市がすたれていったと言い切れるのはなぜか。実はこの時代以降、彼ら独自の象形文字で彫られた碑文が途絶えてしまうからだ。

科学者の大半は、マヤ文明が滅亡した原因はおそらく、気候の変化か飢饉、あるいは流行病だろう、と考えている。しかし陰謀説マニアの多くは古代宇宙飛行士説（14ページ参照）との関連性を信じている。マヤ文明の支配者たちは実は宇宙人で、宇宙のど

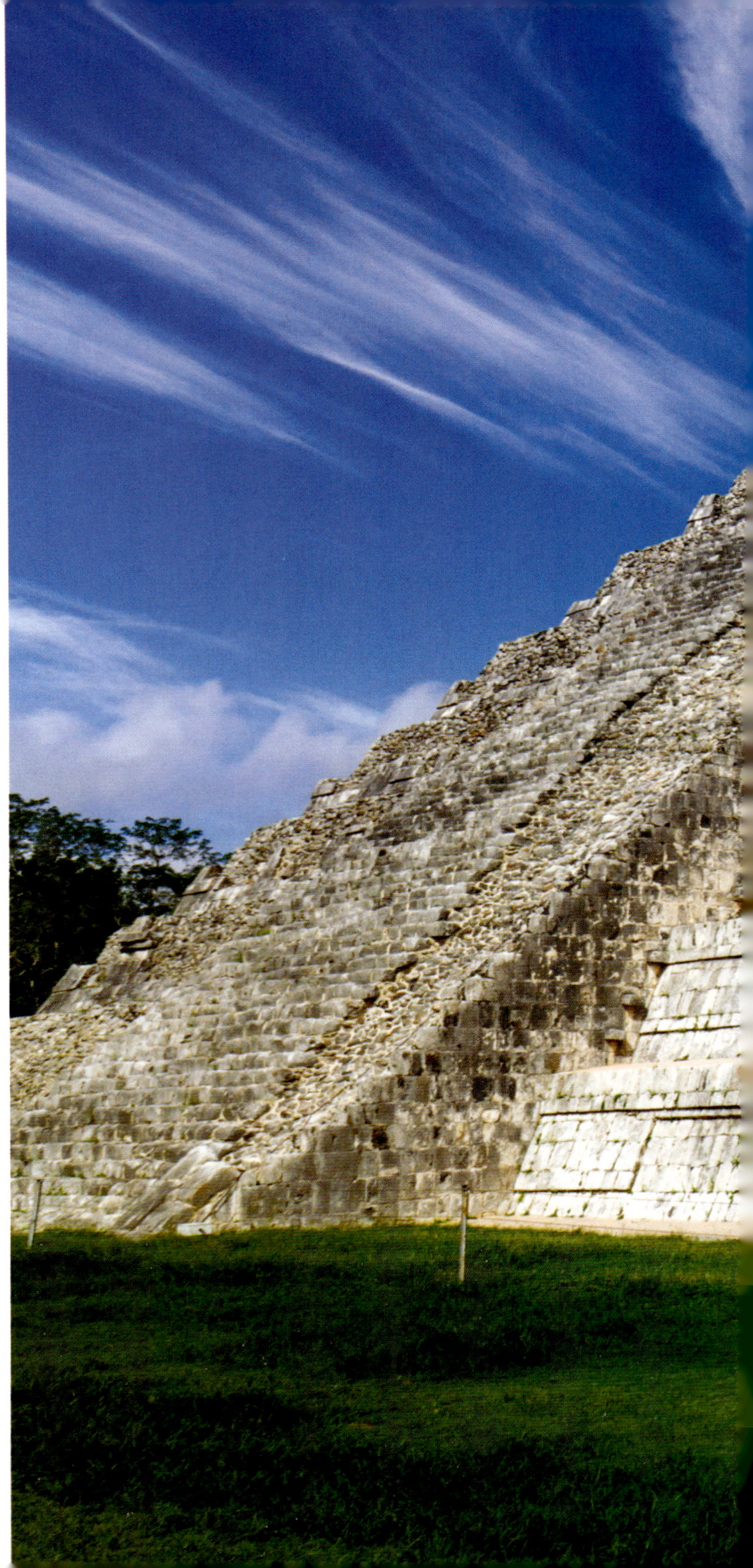

右：チチェン・イッツァにあるククルカンのピラミッド。この建設には高度な天文学の知識が必要だ。たとえば、１年を４等分した日数と、４カ所にある階段の段数を等しくする、などである。

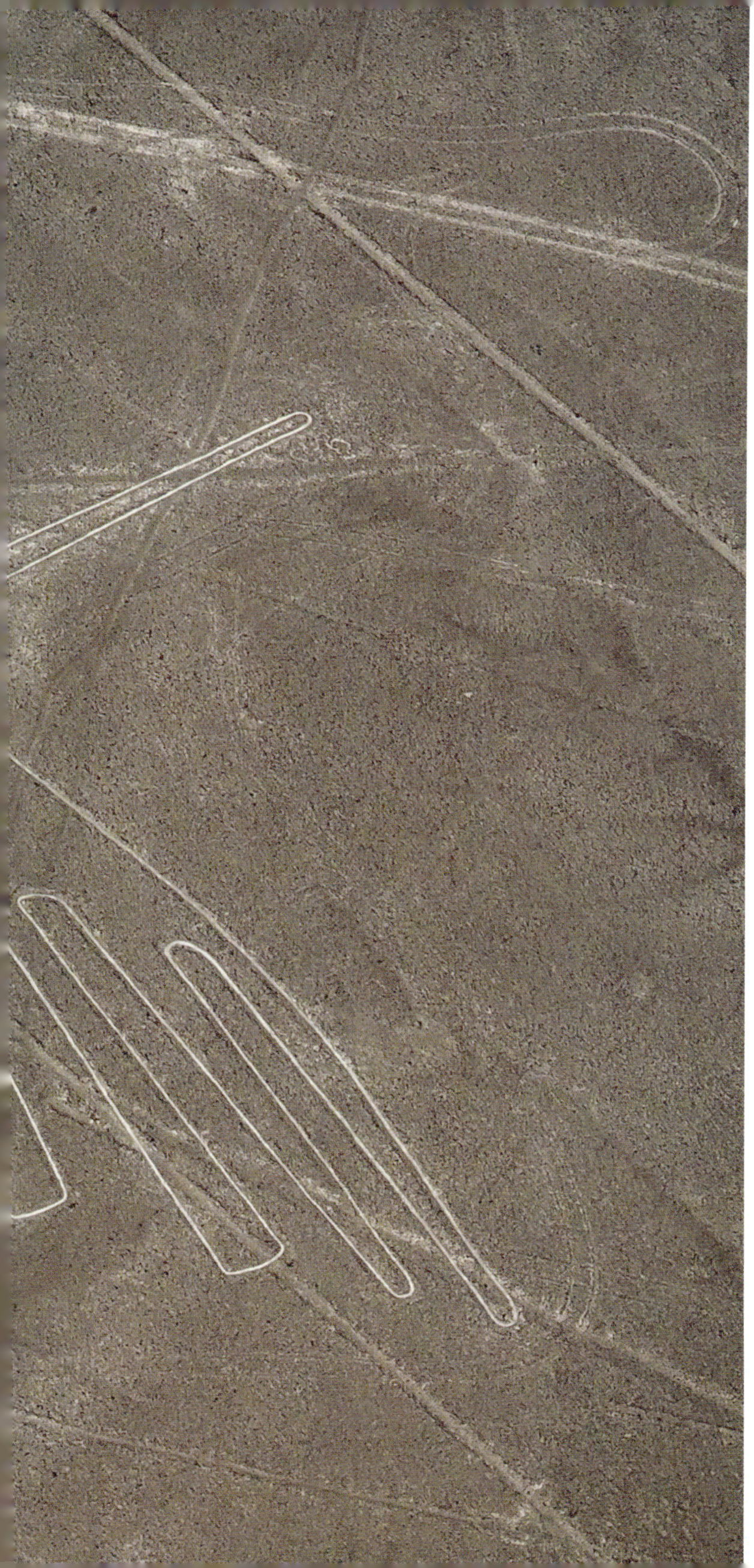

こかの星に帰還したというのだ。数ある証拠のなかでも説得力のある一つが、パレンケにあるパカル王（603〜683年）の神殿である。エーリッヒ・フォン・デニケンによれば、神殿に葬られた王の石棺に、王が宇宙船の内部でさまざまな制御機器を操作する姿が描かれているという。証拠はまだある。コパンの階段に彫られているのは、マヤの僧侶が神々と通信している様子だ。この神々は宇宙人だった、と陰謀説好きは信じている。

ナスカの地上絵

ナスカ文化がペルー南部の沿岸部に栄えたのは、紀元前100年から西暦800年ごろ。ナスカ文化といえば、多彩な彩文土器や、手の込んだ織物の図柄で有名だ。その図柄は擬人化された形をモチーフとしたものが多い。この文化の伝統的な図柄のなかでも特に人々を魅了するのが、「ナスカの地上絵」と呼ばれる、地上に大きく描かれた数々の絵である。その名のとおり、砂漠の平野に描線が何キロにもわたって刻まれている。その多くの図柄がトリやサルといった動物を表現しており、なかには地上数平方キロにわたって描かれた一つの絵もある。高い場所からでなければ絵の全貌は見渡せない。だから、歴史の常識を疑う人たちの多くは、この絵は地上で暮らす人間のためではなく、神（あるいは古代宇宙飛行士）のために描かれた、と結論づけている。

ラスコー洞窟

1940年、フランスのドルドーニュ地方にあるラスコー洞窟に18歳の少年が入っていった。飼い犬がいなくなったので探していたのだ。洞窟の奥に進んだ少年は、有史以前に描かれた、おびただしい数の壁画を見つける。これらの壁画はおよそ2万年前に描かれたという。描かれていたのはほとんどが、牛などの草食動物で、唯一人間らしきものは、手型しかなかった。ここになぜ壁画が残されていたのかは、いまだに謎である。この洞窟のなかに人間が定住していたことを示す証拠もないため、この絵は装飾が目的ではなく、神に捧げる目的か、人間が執り行う儀式に使われたのではないかといわれている。

左：ナスカの地上絵には、わかりやすい図柄の動物が数多く描かれている。たとえばこのコンドルは、ペルーの民話や文化にとって大切なシンボルであり、その骨には人を癒す力があると信じられている。
次ページ：フランス、ラスコー洞窟に描かれた一角獣の群れ。この絵は誰が、どんな目的で描いたのか？
次ページの小さい写真：古代人の手型。パタゴニアの洞窟で発見。

失われた都市

一つの都市がまるごと、あとかたもなく消えることはほぼ不可能に思える。ところが20世紀から21世紀に入るころ、失われた都市が見つかった。トロニス（あるいはヘラクレイオン）とカノープスが、ナイル川のデルタ地帯で波に運ばれた砂の中に1000年以上埋もれていたのである。建物や船、巨大な像が発見され、プトレマイオス王朝のファラオたちが君臨していた2000年前の古代ギリシャとエジプトの重要な交易関係の調査が進んだ。この先、アトランティスのような古代都市が見つかる可能性も十分にあり得る。

右：ナイル川デルタの静かな川の流れ。その底に、どんな秘密が隠れているのかはほとんど知られていない。
下：紀元前 380 年ごろの花崗岩の石碑。失われた都市トロニス（ヘラクレイオン）のもので、ナイル川デルタの川底から回収された。このような失われた文明は、ほかにどのくらいあるのだろう？

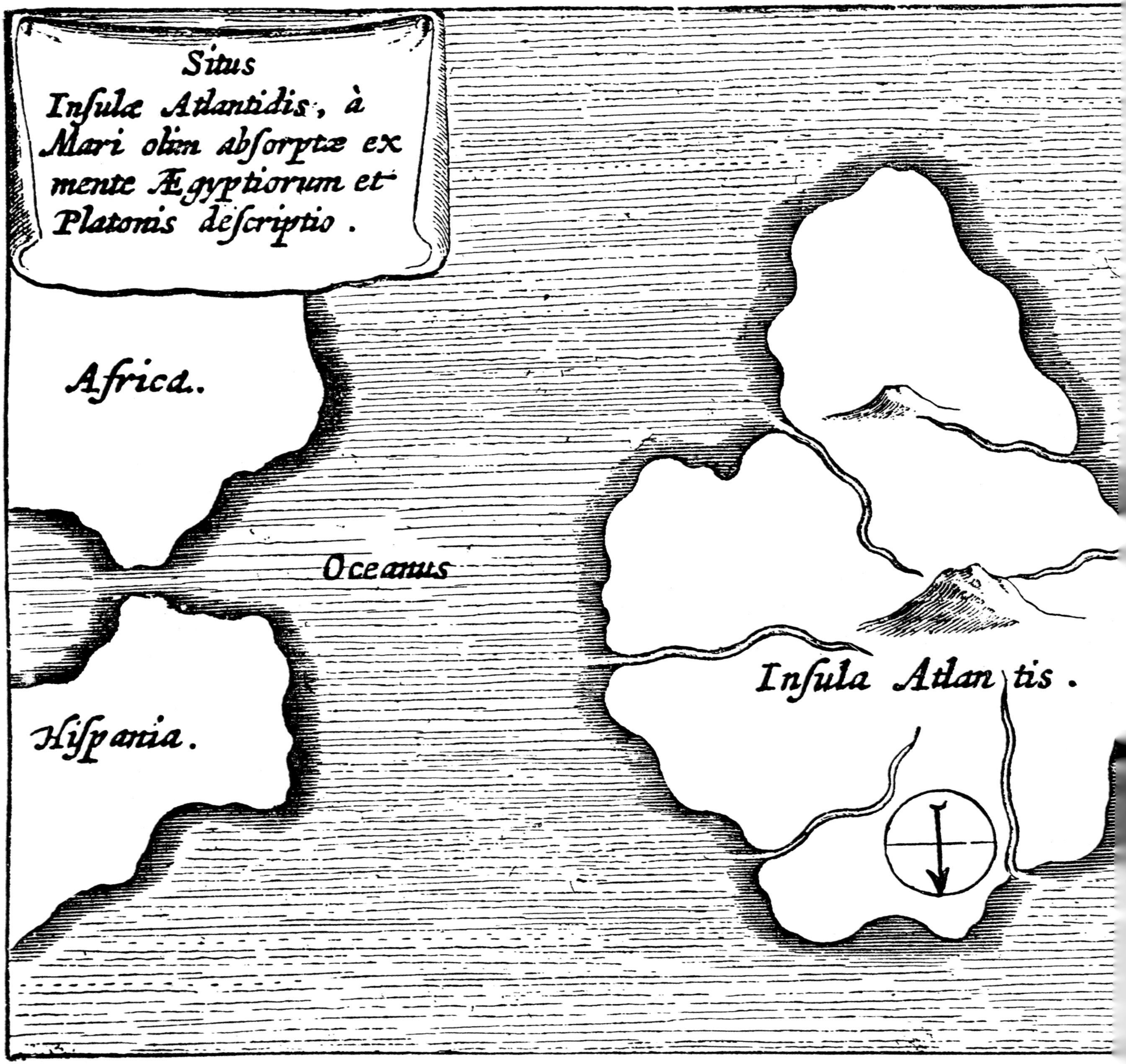
Situs
Insulæ Atlantidis, à
Mari olim absorptæ ex
mente Ægyptiorum et
Platonis descriptio.
Africa.
Oceanus
Hispania.
Insula Atlan tis.

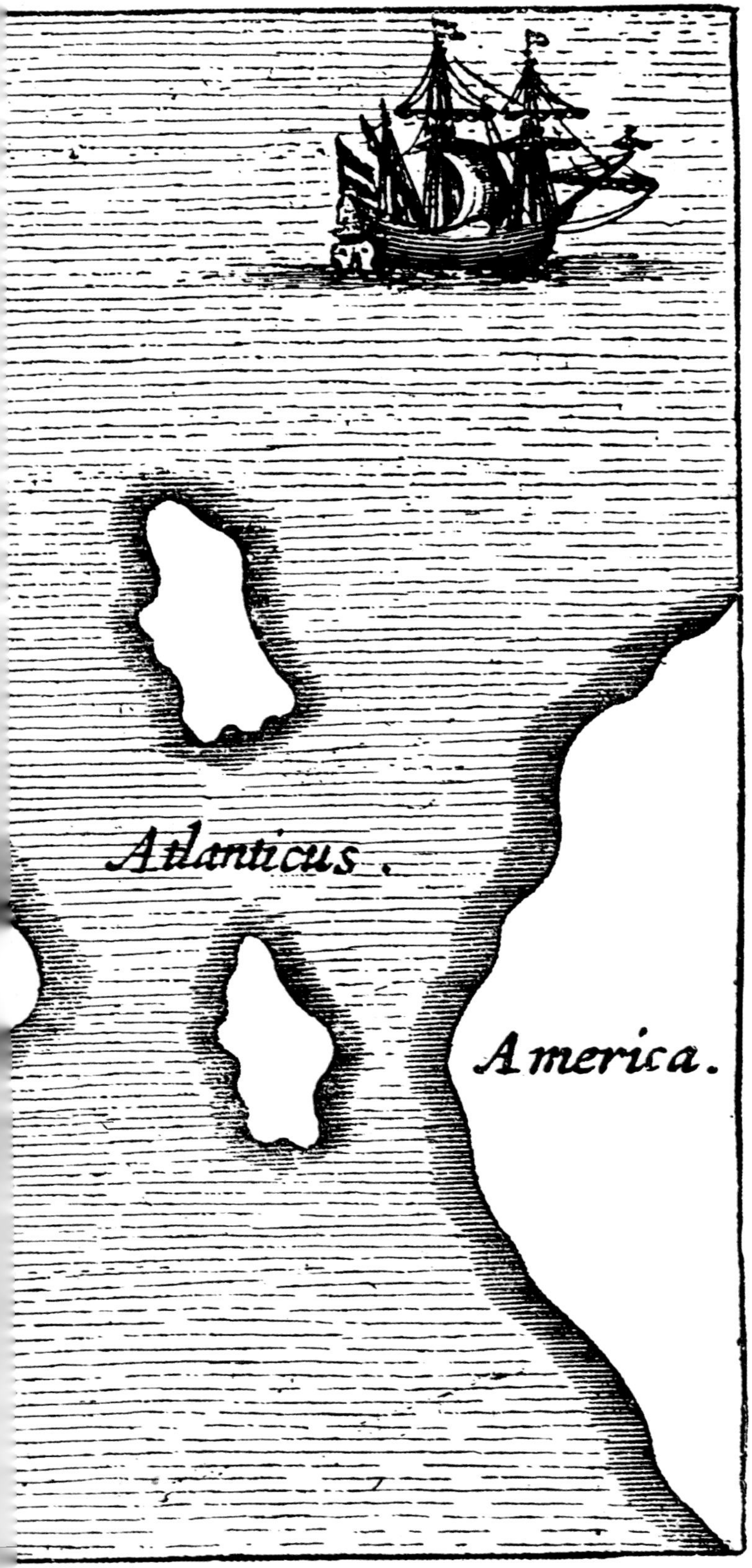

アトランティス

紀元前4世紀、多くの著作を残した哲学者のプラトン（紀元前428～348年ごろ）は、架空の島アトランティスと、その島が9000年前に消滅したことを、人間の慢心をめぐる悲劇の寓話として書いた。そのアトランティスの話は、彼の著作のなかではごく小さな扱いでしかなかった。ところが、のちの世に次のような意見が出てくる。この「アトランティス」はプラトンの想像の産物かもしれない。しかし、彼のアイデアの元となった“失われた”都市は実在したのではないか、と。

こうした憶測が広まり始めたのは16世紀である。当時はまさに、新世界が発見されつつあり、スペイン人が謎に包まれたマヤ文明やアステカ文明の遺跡を発見したころだった。作家トマス・モア（1478～1535年）は、架空のアトランティスやメソアメリカ文明の発見をモチーフとして、『ユートピア』を1516年に発表した。ほかにも、イグナティウス・L・ドネリー（1831～1901年）が著作のなかで、アトランティスは本当に実在したが、創世記に記されたノアの大洪水で滅びたのではないかと述べている。

失われたムー大陸

メソアメリカのマヤ文明に関する独自の発見や解釈から、フランスで生まれ、米国で主に活躍したアマチュア考古学研究家オーギュスト・ル・プロンジョン（1826～1908年）は、次のように考えた。大西洋にはかつて「ムー」という名の大陸があったが、何らかの理由で、あとかたもなく消えてしまったのではないだろうか。また、作家のジェームス・チャーチワード（1851～1936年）はこのアイデアをさらに広げ、ムー大陸はじつはもともと太平洋にあった、と主張した。どちらの説ものちに、にせの科学だと一笑に付された。ところが、日本の海洋地質学者である木村政昭（1940年～）が、失われた大陸、という発想を裏づける証拠を挙げた。木村によると、1980代に日本の与那国島沿岸で発見された遺跡は、ムー文明のものだという。

左：アトランティス島について最初に書物に記したのは、プラトンだった。プラトンによると、その島は「ヘラクレスの門（ジブラルタルとモンテアチョ）」の向こうにあった。アトランティスは実在していたが、いつのうちか影も形もなくなってしまったのだろうか？

上：沈みゆくムー大陸。洪水と火山によって失われた太平洋の大陸だという。

失われたレムリア大陸

インド洋に失われた大陸がある、という考えを最初に唱えたのは、動物学者のフィリップ・スクレーター（1829～1913年）だ。彼は、インドと、アフリカ大陸に近いマダガスカル島で、生息する動物や植物が似ていることに気づいた。そして、インドとマダガスカル島はじつは昔、陸続きだったと考えたのだ。その証拠として、この2つの土地にはキツネザルの一種の生き残りが生息しているが、この2カ所以外、アフリカ大陸本土やインドの近隣の国をはじめ、世界のどこにも同じキツネザルはいないことを挙げている。のちの1960年代にプレートテクトニクス理論が広まり、スクレーターの考えはおおむね反証された。しかしごく最近、インド洋の底に眠るケルゲレン海台という大陸の大きさは、日本の3倍ほどあるという証拠が見つかっている。

右：19 世紀の画家が描いた、失われたレムリア大陸のイメージ画。約 1 万 2000 年前、高度に発達して技術も進んだ文明が栄えていたという。

000 YEARS AGO

The most fascinating legend of man is the legend of the lost continent of Lemuria. It is the firm belief authorities and archaeologists, that approximately 12,000 years ago, a great civilization flourished acific, mother country of many colonies all over the globe, among them Yucatan, Egypt, Babylon, y others. All of today's civilizations are supposed to be the results of Lemurian colonization.

(For complete details, see page 144.)

謎の生き物

昔から、想像もつかない怪物や謎の生き物が現れた、という話は尽きない。そういう話は、世界中のさまざまな場所で、民話の形で人々に語り継がれている。アイルランドにはレプラコーン、中国には竜、古代ギリシャにはミノタウロスがいた。科学が進歩しても、未知の動物を研究する学者は、神秘的な生き物の存在を信じる。そして、科学的な証拠を写真を使ってなんとか示そうとする。それに対し、この考えに懐疑的な者もいる。たとえば古生物学者のジョージ・シンプソン（1902～1984年）は、こう述べている。「人間ほど独創性があり、相手をあざむき、なおかつ、だまされやすい動物はほかにいない」

ネス湖の怪物（モンスター）

スコットランドのネス湖で目撃された謎の物体に、「怪物」という言葉を初めて使ったのは地元の新聞記事で、1933年のことだった。しかし、文書に残された記録はとても古い。西暦565年にアイルランドの僧侶、聖コロンビア（521～597年）が、おそらくドラゴンに似た海の怪物に襲われた男の弔（とむら）いを見た、と記録している。1933年以降、この怪物らしきものの目撃情報や写真が無数に寄せられる。そのなかで最も有名なのは、俗に“外科医の写真”と呼ばれるもので、1934年、全国紙『デイリー・メール』に掲載された。それから約60年後、この写真がでっちあげだと証明され、ほかの画像もやり玉にあがった。

それでも謎は終わっていない。というのは、いくら最新のテクノロジーを使っても怪物が発見できないにもかかわらず、人々はいまなお愛着をこめて、この怪物を“ネッシー”と呼んでいるからだ。これまでの目撃情報についてなんとか理論的な説明をしようとする科学者たちもいる。川を下ってネス湖にまぎれ込んだ在来種ではない動物、たとえば、グリーンランドのサメや、首の長い爬虫類だった可能性がある、というのだ。

左：ネス湖の怪物を発見するために本気の取り組みがいくつも行われた。その先駆けは1934年にサー・エドワード・マウンテン（1872～1948年）が率いた調査。この写真は、そのとき撮影されたもの。

ボドミンの野獣

1993年、大きな黒ネコがイギリスのコーンウェル半島にあるボドミン原野（ムーア）を歩き回っている動画が撮影された。この“ネコ”の目撃情報は1970年代後半、多数寄せられる。そのころ、この近辺ではペットのネコが何匹も殺され、切断された遺体が発見される事件が相次いでいた。ほどなくして、あることがわかる。動物トレーナーとして有名なメアリー・チッパーフィールド（1938～2014年）が、自分の経営する動物園を閉鎖せざるをえなくなり、3頭のピューマをボドミンの荒野に放していたのだ（チッパーフィールドはのちに、1999年に起きた別件で、動物虐待のかどで有罪となる）。

1995年にようやく、この“野獣”を調査した政府機関が、見解を発表した。ボドミン原野に、家畜を殺せるほど巨大なネコ科動物が生息していることを裏づける確かな証拠はない、という結論だった。この報告から、1週間後のこと。ボドミン原野を歩いていた幼い少年が何かの頭骨を発見した。調べてみると、これはヒョウの頭骨だった。

イエティ、または怪人雪男

「イエティ」とは、ネパールやチベットの民間伝承に登場する、伝説上の生き物のこと。姿かたちはサルに似て、人間よりもかなり背が高い。それに対し、「怪人雪男」は、その民間伝説上の生き物を西洋人なりに解釈したものである。1921年、ヒマラヤ山脈のエベレスト山登頂遠征隊が登山中にこの生き物に遭遇したという。遠征隊長だったチャールス・ハワード＝バリー（1883～1963年）は当時の出来事をこう回想する。標高6400メートルで雪の上に巨大な足跡を見つけた。最初はこれを「駆けるオオカミ」の足跡だと考えた。ところが同行していたシェルパに、これは現地の言葉で“メッチ・カングミ”の足跡だと教えられる。その言葉にはもともと「けがらわしい雪男」という意味があったが、転じてのちに「怪人雪男」と呼ばれるようになる。

その後もエベレスト登頂遠征で、足跡の発見情報が相次いだ。なかでも最も有名な足跡は、1953年にサー・エドマンド・ヒラリー（1919～2008年）を隊長とする遠征で、チベット人シェルパのテンジン（1914～1986年）が発見したものだ。非常に巨大な足跡

右：これが、“ボドミンの野獣”なのだろうか？

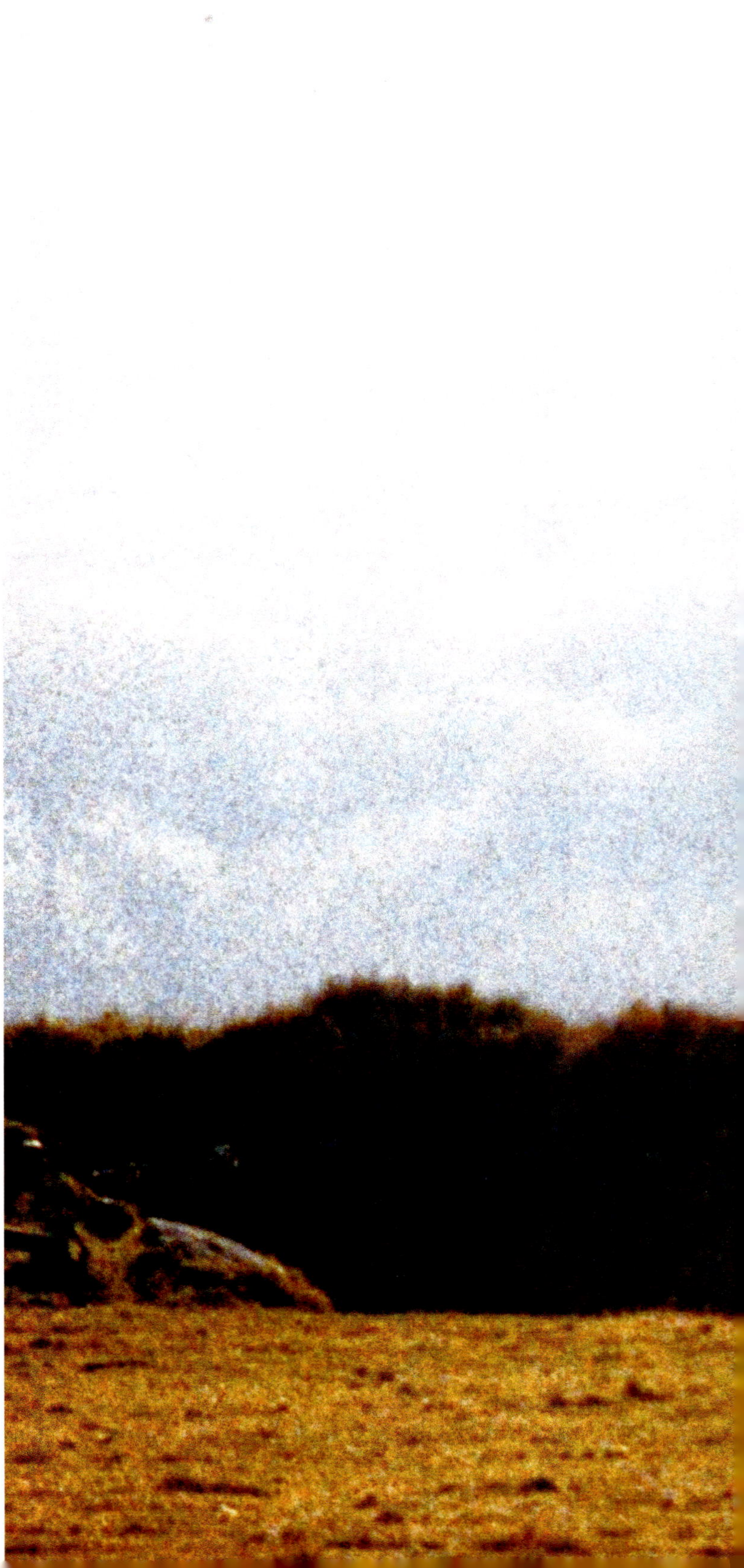

上：“ビッグフット”を撮った、といわれる写真。身長は2.3メートル。これが米国版「怪人雪男」である。

だったらしいが、撮影した写真ではその大きさを確かめようがなかった。その後も、正体不明の二足歩行動物の目撃情報は続々と寄せられた。また、現場で採取した毛髪の標本も届けられ、DNA鑑定が行われたが、既知の動物のどの種とも一致しなかった。

モスマン

1966年のある日、米国ウェストバージニア州のクレンドニンの墓地を数人の男が歩いていた。そのとき、人間の姿をし、翼のある生き物が頭の上で飛び、木から木へと飛び移っていくのを見た。このころから1年ほどにわたって、その場所や近隣地域、なかでもポイント・プレザント一帯で、この不思議な飛ぶ生き物の目的情報が続々と寄せられた。どの目撃情報からもほぼ似たような姿が報告されたが、赤い目だった、という報告もあった。

1967年の12月、目撃情報は途絶える。ポイント・プレザントのシルバー・ブリッジが崩落し、46人が死亡する事故が起きると、この生き物は現れなくなったのだ。のちの調査で事故の原因は、橋の欠陥工事だと結論づけられた。しかしこれは“モスマン”の仕業だという者もいる。もちろん公式発表を疑いたがる人たちはモスマンの目撃情報に飛びついた。彼らは、モスマンは実はウェストバージニア州を荒らしまわった宇宙人で、橋の大惨事を引き起こして市民を死に追いやった、という説を信じ続けている。

左：1951年、エリック・シンプトン（1907～1977年）はイギリス人の一団を率いて雪山に向かい、この謎の足跡の写真を撮影した。この遠征は、サー・エドムンド・ヒラリーのエベレスト登頂遠征の予備遠征だった。

宗教の陰謀

宗教の陰にある陰謀。それは、教義の真理性をめぐり、ある宗教の信者が、ほかの宗派やほかの宗教と争うときに渦巻く。ユダヤ人迫害の歴史は古く、古代ギリシャの時代までさかのぼる。また、キリスト教信者は、イスラム教諸国やオスマン帝国がキリスト教徒市民を迫害したことに対抗し、十字軍遠征を行った。キリスト教の内部でも、宗教改革のあとに、プロテスタント派とカトリック派が勢力を競った。そして現在も、多くの不可知論者や無神論者は次のように主張する。どんな宗教も人を弾圧する。なぜなら宗教は、邪悪な目的のために社会を支配し、操ろうとするからだ、と。新世界秩序説を信じる人にいわせれば、宗教間の対立はやがて緩和するか、あるいはなくなるらしい。それは、彼らの目指すところが社会統制の維持だからだ。

テンプル騎士団

テンプル騎士団は中世ローマカトリックの騎士修道会だ。第1回十字軍による聖地奪還後の1118年にエルサレムで創設され、1128年に教皇に公認された。テンプル騎士団はそもそも、聖地エルサレムに向かう巡礼者の守護を主な目的として結成された。騎士団のメンバーは聖地で誰よりも恐れられ、尊敬される騎士だった。ただし、本来の役目に就いていたのは騎士団の4分の1のみで、残りの騎士は金融業務を行っていた。銀行としての仕事も行う騎士団はいつしか莫大な富を手にしていた。こうして騎士団の力が肥大化していくと、支配階級はおびえる。そしてとうとう、1312年、教皇庁は騎士団の解体を命じた。当時の教皇クレメンス5世（1264〜1314年）は、フランスのアビニヨンに教皇庁の裁判所を設立していた。さらに、教皇はフランス王フィリップ4世（1268〜1314年）の強い影響下にあった。このフィリップ4世が、騎士団の活動や野心を邪魔に思っていたのである。その実、このフランス王は、騎士団に多大な借金をしていた。

1307年10月13日、テンプル騎士団のメンバーが大勢捕らえら

右：12 世紀、テンプル騎士団はポルトガルのトマールにこの修道院を建てた。隣接する城も町そのものも騎士団の活動本拠地として大いに栄えたが、騎士団は 14 世紀に解散を命じられた。

上：フランス、クレサック・シャランテのテンプル礼拝堂にある、12 世紀のフレスコ画。1163 年、レバノンのアル・ブカイアの会戦でヌール・アッディーンと戦ったテンプル騎士団を描いている。

れ、火あぶりの刑に処された（ここから「13日の金曜日」は不吉だ、という迷信が生まれたという）。続いて教皇は、すべてのキリスト教国の王にテンプル騎士団の逮捕を命じる。捕らえられた者の多くが異端を自白するまで拷問を受け、火あぶりの刑になった。しかし、かなりの数のメンバーがこの弾圧から逃れ、行方をくらました。史実を疑う人々によれば、かつてテンプル騎士団が聖地エルサレムにいるときに見つけた聖杯と聖櫃（せいひつ）は、こういう人々が隠し持っているという。

1314年、テンプル騎士団の総長（グランドマスター）が処刑された。しかし、この中世の騎士団の生まれ変わりを称する組織はいくつもあり、現在も続いている。そのなかでも、ダン・ブラウン（1964年～）の小説『ダ・ヴィンチ・コード』（2003年）のおかげでとりわけ世に知られたのが、フリーメイソンだ（63ページ参照）。この秘密結社では、十字軍当時の騎士団のシンボルや儀式を多く取り入れている。とはいえ、こうした結社の現在のメンバーが実際に、秘密の知識を継承して守る番人だとは考えにくい。しかし、いまだにこうした秘密結社や、いにしえの騎士団にまつわる遺跡には、謎や陰謀が渦巻いている。

左：スコットランド、ロスリン礼拝堂の窓。『ダ・ヴィンチ・コード』のなかでは、聖杯が隠されている可能性のある場所として描かれている。

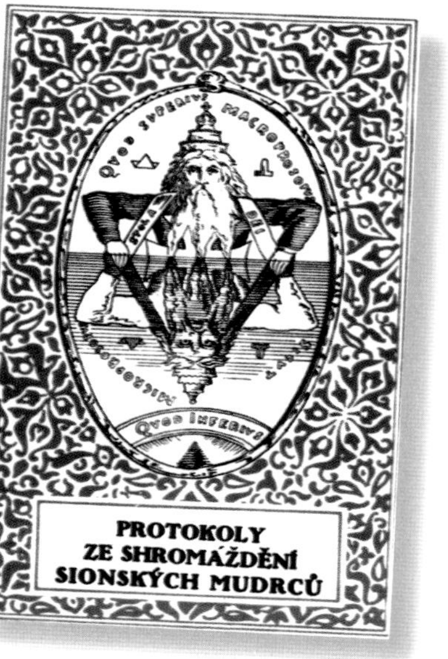

シオン賢者の議定書

のちの世の陰謀説にまで影響を与えたことで有名な、『シオン賢者の議定書』。これはそもそも、ロシアで1901年に出版された。公然と反ユダヤ主義を主張するこの書物は、19世紀後半にロシア帝国が行った残酷なポグロム（ユダヤ人大量殺戮）、つまりユダヤ人への弾圧と同じ時期に生まれた。この『議定書』は、ユダヤ人の賢者が集まる会議に関する記述、という作り話である。そのなかでは賢者たちが、銀行家と新聞王による世界征服について話し合う。ところがのちにこの文書は、実際にあった話として拡散、配布されてしまう。自動車王のヘンリー・フォード（1863～1947年）が、この文書を世に広く知らしめようと印刷費用を一手に引き受け、全米で50万部を売り上げた。しかし、タイム紙が1921年にこれをでっちあげだと記事に書く。それでもこの文書は、その後も反ユダヤ主義のプロパガンダに使われ、アドルフ・ヒトラー（1889～1945年）も1925年の著作『わが闘争』で引用した。当時のドイツの教育の現場では、『議定書』は事実を書いたものとして広く使われ、“最終的解決”（ユダヤ人問題についてナチが使った表現。ホロコーストを指すと推測される）を正当化する理由として幅広く伝えられていた。

現在のヨーロッパでこの文書が引用されることはめったにない。しかし、アラブ世界ではいまも、イスラム原理主義組織ハマスやその他の反ユダヤ主義の組織がこれを広めている。

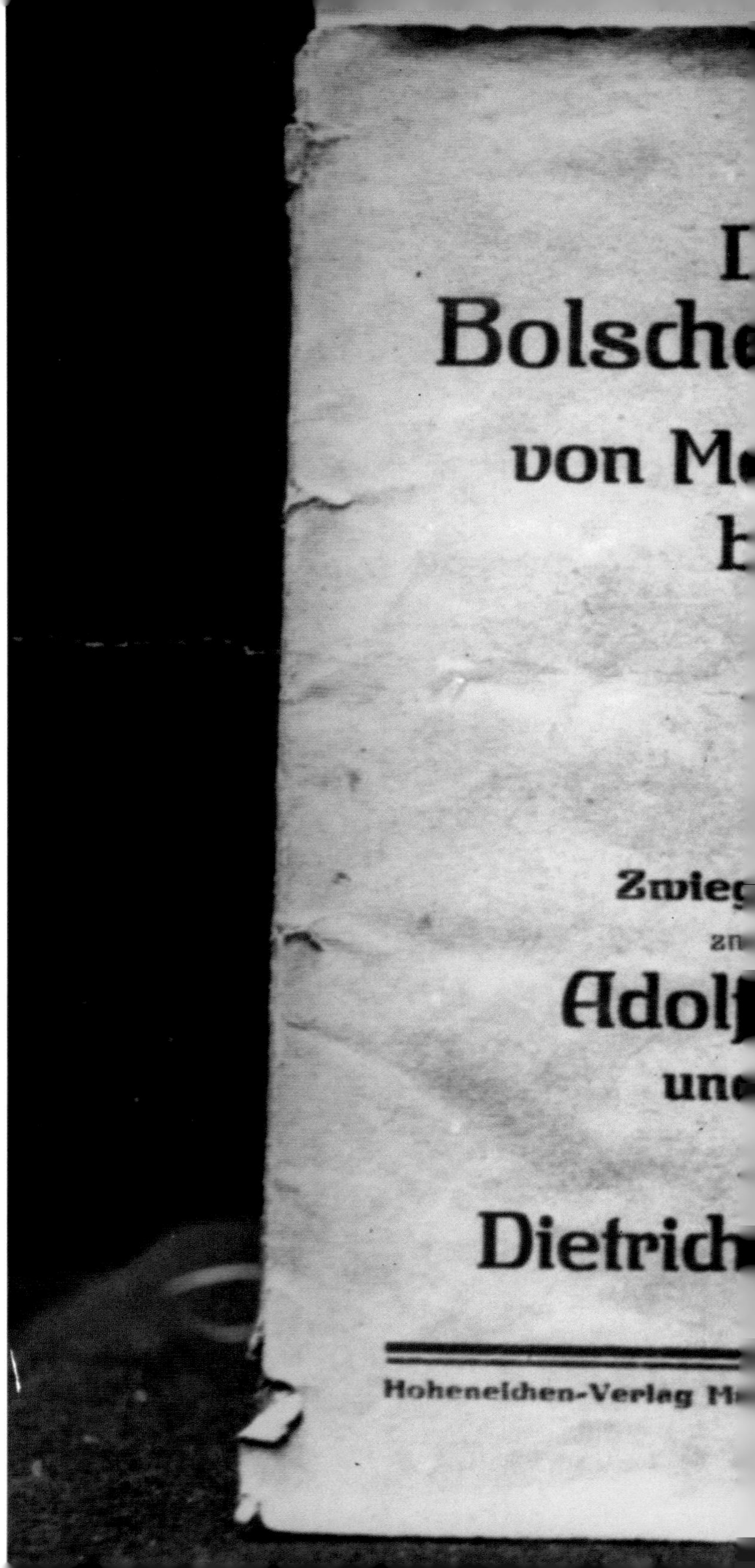

上：20世紀初頭に発行された『シオン賢者の議定書』。これは、秘密の同胞団が世界支配を狙っている、という架空の設定で描かれている。
右：ナチ党はこの議定書を、反ユダヤ主義のプロパガンダとして使った。

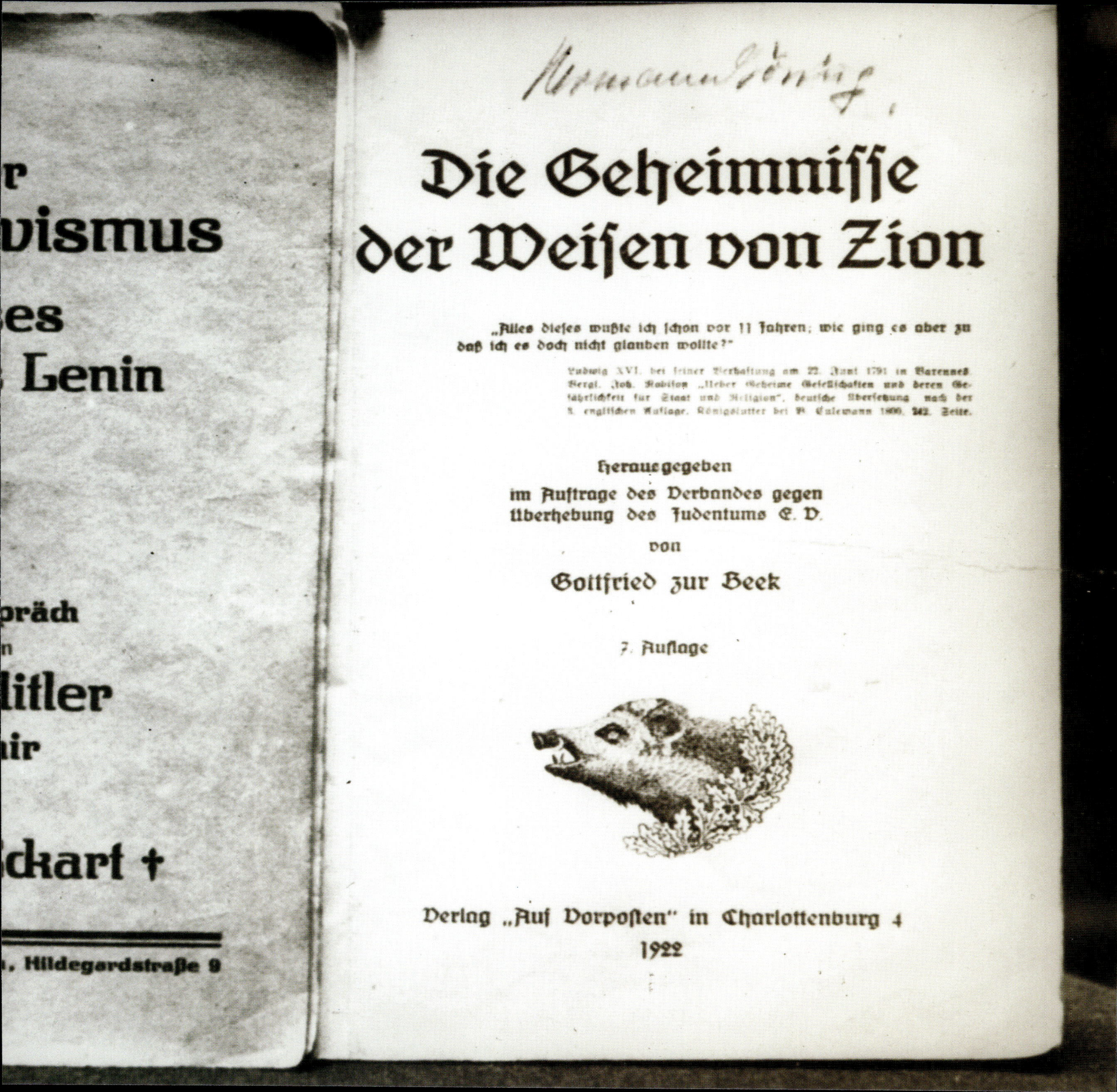
vismus
Lenin
itler
ckart †
Hildegardstraße 9
Die Geheimnisse der Weisen von Zion
„Alles dieses wußte ich schon vor 11 Jahren; wie ging es aber zu daß ich es doch nicht glauben wollte?"
Ludwig XVI. bei seiner Verhaftung am 22. Juni 1791 in Varennes. Vergl. Joh. Robison „Ueber Geheime Gesellschaften und deren Gefährlichkeit für Staat und Religion", deutsche Übersetzung nach der 3. englischen Auflage, Königslutter bei Culemann 1800, 242. Seite.
Herausgegeben
im Auftrage des Verbandes gegen
Überhebung des Judentums E. V.
von
Gottfried zur Beek
7. Auflage
Verlag „Auf Vorposten" in Charlottenburg 4
1922

DIEU ET MON DROIT

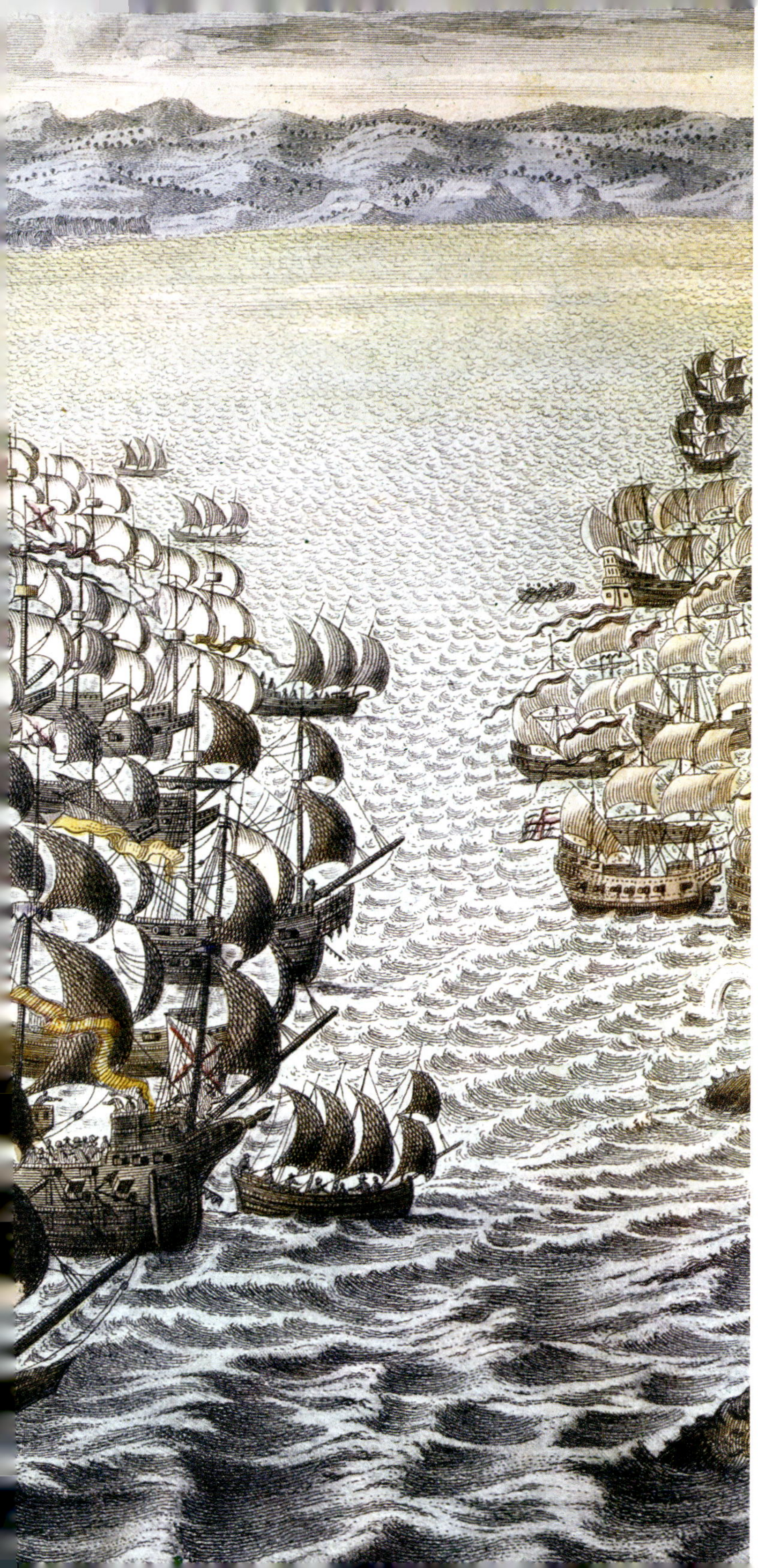

反カトリック主義

17世紀に起きた反カトリック主義は、ことの発端がわからなければ理解が難しい。まず、16世紀にヘンリー8世（1491～1547年）が、自身の離婚を認めないローマカトリック教会に絶縁状を送る。そして、イギリス国教会の首長をみずから名乗り、ローマカトリック教会の命令を排除した。息子であるエドワード6世（1537～1553年）の代でも、改革は本格的に行われた。このエドワード6世が、イギリス国教会をアングリカン（聖公会）およびプロテ

下：1530年、ヘンリー８世の離婚に対する教皇クレメンス７世の勅書。ヘンリー８世は、教皇に離婚の許可を拒否されたため、カトリック教会と決裂。これ以降、カトリックとプロテスタントは何世紀もの間、いがみ合った。
左：1588年のアルマダの戦い。スペインのフィリップ２世は、イギリスへの上陸を目指して無敵艦隊を派遣した。イギリスをカトリック国に戻そうとしたのだ。

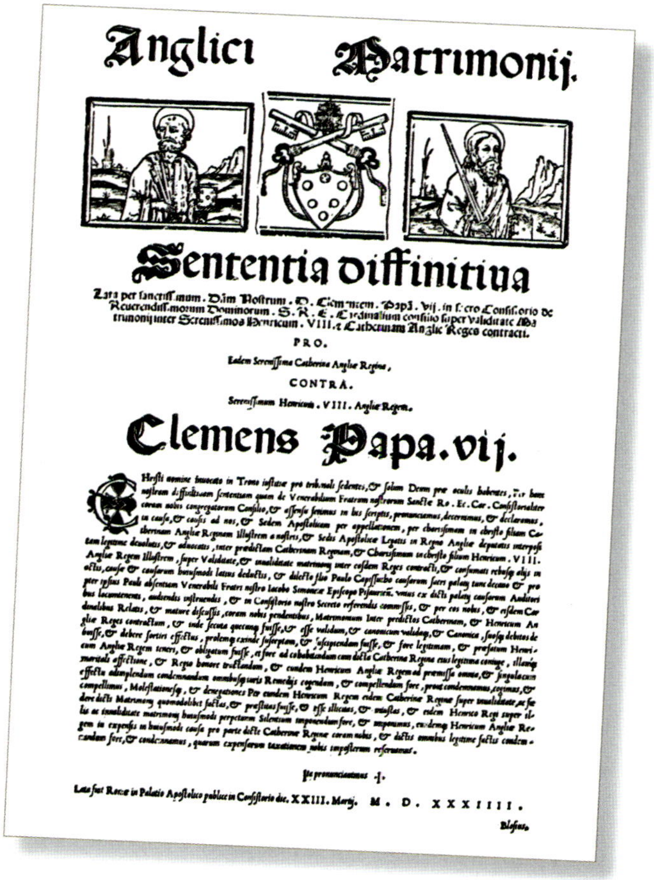

Anglici Matrimonij.

Sententia diffinitiva

Lata per sanctissimum. Dnm Nostrum. D. Clementem. Papā. vij. in sacro Consistorio de Reverendissimorum Dominorum. S. R. E. Cardinalium consilio super validitate Matrimonij inter Serenissimos Henricum. VIII. & Catherinam Angliae Reges contracti.

PRO.

Eadem Serenissima Catherina Angliae Regina,

CONTRA.

Serenissimum Henricum. VIII. Angliae Regem.

Clemens Papa.vij.

Christi nomine invocato in Trono iustitiae pro tribunali sedentes, & solum Deum prae oculis habentes, per hanc nostram diffinitivam sententiam quam de Venerabilium Fratrum nostrorum Sanctae Ro. Ec. Car. Consistorialiter coram nobis congregatorum Consilio, & assensu ferimus in his scriptis, pronunciamus, decernimus, & declaramus, in causa, & causis ad nos, & Sedem Apostolicam per appellationem, per charissimam in christo filiam …

[illegible]

… condemnandum omnibusque iuris Remedijs cogendum, & compellendum fore, prout condemnamus, cogimus, & compellimus, Molestationesque, & denegationes Per eundem Henricum Regem eidem Catherinae Reginae super invaliditate, ac foedere dicti Matrimonij quomodolibet factas, & praestitas fuisse, & esse illicitas, & iniustas, & eidem Henrico Regi super illis ac invaliditate matrimonij huiusmodi perpetuum Silentium imponendum fore, & imponimus, eundemque Henricum Angliae Regem in expensis in huiusmodi causa pro parte dictae Catherinae Reginae coram nobis, & dictis omnibus legitime factis condemnandum fore, & condemnamus, quarum expensarum taxationem nobis imposterum reservamus.

Ita pronunciavimus. J.

Lata fuit Romae in Palatio Apostolico publice in Consistorio die. XXIII. Martij. M. D. XXXIIII.

Blosius.

スタントの母体としたのである。エドワード6世が15歳で亡くなり、母親が違う姉のメアリー1世（1516～1558年）が王位を継ぐと、女王はイギリスをカトリック国に戻そうとした。また、メアリー1世は、強力なカトリック国であるスペインのフェリペ2世（1527～1598年）と結婚。スペイン王との婚姻によって、イギリスのカトリックへの復帰を確かなものにしようとしたのである。しかし、王位継承からたった5年で、メアリーはこの世を去る。王位を継いだのは、やはり母親が違う妹で熱心なプロテスタント信者、エリザベス1世（1533～1603年）だった。

エリザベス1世の時代、カトリック教徒の反乱が次々に起きた。その目的は、エリザベスを暗殺し、そのいとこでカトリック教徒であるスコットランド女王メアリー（1542～1587年）に王位を継がせようというものだった。最後の反乱が、1588年のスペインの無敵艦隊によるイギリスへの侵攻、すなわちアルマダの海戦である。この戦いでスペインは負け、イギリスをカトリック国に復活させる野望はついえた。以来、イギリス人にとってカトリックとは、イギリスをローマ法王の支配下に置こうとする侵略者と同じ意味になった。

1605年、こうしたカトリックへの恐れや嫌悪感が、火薬陰謀事件を引き起こす。カトリック教徒の首謀者が、イギリス国教会の優遇政策を決めたイギリス国王ジェイムズ1世の暗殺を謀ったのである。ジェイムズ1世はその前年に、王の認める欽定版として、聖書の英語版翻訳を命じていたが、これをカトリック教徒は許しがたく、教えに背く暴挙だとみなしていた。その後イギリスでは、カトリックに対する強硬路線や、教徒への迫害が約200年以上続くことになった。

ロンドンの大火

1666年の9月初旬、ロンドンのとあるパン屋から火が出た。日曜日、まだ朝の明けないころだった。火は急速に燃え広がり、ロンドンのほぼ全域を焼き尽くした。当時のロンドンは、四方を壁に囲まれた、ほんの1.6平方キロほどの町。火事の条件はそろっていた。長く乾燥した夏が終わり、密集して建つ木造の建物や、わらの屋根はからからに乾いていた。火は強風にあおられて炎がさらに激しくなり、みるみるうちに広がった。外国人が放火したのではないか、という噂が広まると、ロンドン市民はたちまちリ

右：火薬陰謀事件は、イギリス国教を強制する国を倒そうするカトリック教徒による陰謀だった。この絵には、７人の主謀者が描かれ、ガイ・フォークス（右から３番目）や、ロバート・ケイツビー（右から２番目）の姿も見える。

F E B D A C

PRINCIPAL CONSPIRATORS.

time (A.D. 1605). *Under which is an explanation in Latin, translated as follows:—*

red in the vaults of the Parliament House of Westminster near London, to overturn it from its rt of Westminster; and in it not only to destroy the King, but also the principal Noblemen of the n, the most powerful Noblemen, and the chief Ministers of the Kingdom, with many thousands of author of this horrid conspiracy. *Thomas Percy* (B), of a noble family, was marvellously vehement Parliament House, and was very diligent in perfecting the mines: his head is now to be seen *ter* (C), was invited to, and drawn into this crime by R. Catesby. *Guido Fawkes* (D) who was in was impelled into this crime by Thomas Winter, and on coming into England, when he had eived from a Priest the sacrament called the Eucharist. *John Wrigt* (E), a nobleman; *Christopher* d R. Catesby's servant, *Bates* (H).

ンチ団を結成し、疑わしい移民を次々に処刑した。

王の配下にあるコールドストリーム近衛歩兵連隊が、外国人を一斉検挙し、カトリック教徒とみれば取り調べた。そうやって捕らえられたフランス生まれの時計職人ロベール・ユベール（1640〜1666年）は、放火の犯行を告白し、タイバーン刑場で絞首刑に処された。1668年初頭、チャールズ2世（1630〜1685年）の命令で、出火場所の近くにロンドン大火のモニュメントが建てられる。この碑のプレートの一つには「ローマカトリックの派閥争いの不実と悪意」だと非難する言葉が記されていた。このプレートがようやく撤去されたのは1829年。このとき、カトリック教徒解放法が成立したのである。

カトリック陰謀事件

ロンドン大火後のイギリスでは、反カトリック熱が高まる。それをあおった原因の一つにチャールズ2世がいる。この王が王妃に迎えたのは、ポルトガル生まれのカトリック教徒キャサリン・オブ・ブラガンザ（1638〜1705年）だ。また、チャールズの弟のヨーク公ジェイムズも、カトリックへの信仰を公言していた。チャールズとジェイムズの母、ヘンリエッタ・マリア・オブ・フランス（1609〜1669年）もまた、カトリック教徒。さらに悪いことに、チャールズ2世は1672年に「信仰自由宣言」を布告し、イギリス国教会に反対する者への刑罰法規をすべて一時停止した。

そのため、カトリックがやがて優勢になるのではないか、という大勢のプロテスタントの不審や懸念が高まった。歴史あるイギリス国教会の排除とカトリックの復活を、教皇派の人々がたくらんでいる、と考えたのだ。1678年、プロテスタント牧師の息子タイタス・オーツ（1649〜1705年）は、カトリック陰謀事件をねつ造した。カトリックの一派であるイエズス会の聖職者のなかに、国王暗殺を計画する者がいる、と告発したのだ。オーツとその仲間は執拗に審問され、それによって少なくても22人のカトリック聖職者に有罪判決が下され、処刑された。チャールズ2世と枢密院は当初、オーツの告発に及び腰だった。しかし、プロテスタントの名士で治安判事だったサー・エドムンド・ベリー・ゴドフリー（1621〜1678年）が残忍な死体となってロンドンの道端で発見されると、カトリック陰謀事件はがぜん真実味を帯びてきた。

ゴドフリー殺人事件の犯人は見つからなかった。しかし事件を

左：1666年のロンドンの大火を描いた古い版画。この大火でロンドンの大部分が破壊され、聖ポール大寺院も焼失した。当時の人々の多くが、これはカトリック教徒による放火事件だ、と思い込んだ。

上：さらしものの刑を受けるタイタス・オーツ。彼がでっちあげたカトリック陰謀事件は、カトリック教徒が国王の暗殺計画を立てているというもので、オーツの告発から無実の人々が大勢殺された。のちに彼は偽証罪に問われ、投獄された。

機に、それまでくすぶっていた反カトリック感情が一気に噴出。そのムードはその後3年間続く。その間、カトリックに傾倒する高位の貴族たちもまた、逮捕され、裁判にかけられたが、結局は全員が罪をまぬがれた。ほかにも地位のある人物が罪状を否認したり、無罪になったりしているうちに、教皇派が陰謀をたくらんでいるという考えは次第に下火になる。やがてオーツは逮捕され、裁判にかけられて偽証の罪に問われる。3年間を牢獄で過ごしたが、その間、厳しい刑罰を受け、人々のさらしものになった。

右：1780年に起きたゴードン暴動。反カトリックの感情が噴き出した最も過激な例で、5万人のプロテスタントの群集がロンドン市内の建物に火をつけた。反カトリック感情は1829年のカトリック教徒解放法の成立まで続いた。

no Popery
Popery
no Popery

ふたつのバビロン

1853年、スコットランド生まれの長老派神学者アレクサンダー・ヒスロップ（1807〜65年）は、『ふたつのバビロン』というパンフレットを発行した。そのなかで彼は、カトリック教会は、異教である古代都市バビロンの慣習を約4500年前から継承しているだけにすぎず、その異教はニムロドおよびその母セミラミスが始めたものだ、と主張している。ニムロドは旧約聖書のなかで「神に反逆した」者として描かれている。このパンフレットにはまた、次のような記述もあった。クリスマスやイースターといったキリスト教の祝日は、バビロンの異教が起源である。つまり、バビロンの慣習をほかの古代宗教を通して伝えようという陰謀があり、その継承されたものを、西暦1世紀にカトリック教会が取り入れたのだ、という。たとえば、イースターはアッシリア語の「イシュタル」が由来であり、イシュタルはアッシリア文化では豊穣の女神の名前である、とヒスロップは指摘する。

カトリック教会の核心となる教義の一つに、処女マリア、そしてその息子イエスへの崇拝がある。マリアとイエスを神聖化する概念はすべて、ニムロドが彼の母セミラミスと結婚し、その後殺されるが、死後に神として崇められたところから始まる、とヒスロップは論じる。セミラミスはそのとき、みずから処女懐胎を公に宣言した。そうすれば、自分自身もニムロドとともに神格化されるからだ。バビロン崩壊後、この母と子のカルト宗教がエジプトに伝わる。エジプトでは、女神イシスが「処女のままみごもった」息子ホルス（12月25日生まれ）を産んでおり、母子そろって崇拝された。また、古代ギリシャ・ローマ文化の宗教では、神アッティスもまた、「処女のままみごもった」という母ナーナから生まれている。こうした古代神話や伝説のなかには、ほかにも、死や復活についてさまざまな記述が見られる。

ヒスロップの話の大半は、歴史的に見て正確さに欠ける、と信用されていない。しかし、エホバの証人をはじめとするいくつかの団体が、みずからの布教のためにこの文書を利用している。有名な陰謀論者デイヴィッド・アイクは、「グローバル・エリート」を説明する文脈で、「バビロニアン・ブラザーフッド（バビロニア同胞団）」という語を使った。この人たちは、「新世界秩序」をもくろんでいるのだという。

左：アレキサンダー・ヒスロップによれば、カトリックの教義は古代の異教を継ぎ合わせたもので、ここに描かれているアッシリアの女王セミラミスと、その息子ニムロドという母子を崇拝するカルト宗教に過ぎないという。

イエスとマグダラのマリア

2014年、『失われた福音』（原題：*The Lost Gospel*）という本が世に出た。執筆者たちが、ロンドンの英国図書館に眠っていた6世紀の古文書を調べ直し、まとめたものだ。この本では、「ヨセフとアセナス」と呼ばれる文書は、じつはイエス・キリストとマグダラのマリアの関係を暗号化して残したもの、と指摘する。また、2人の間に、イエスの血を引く子供がいるともいう。

イエス・キリストとマグダラのマリアの関係性はこれまで、いくつかの小説で憶測がくり広げられている。なかでも有名なのは、ベストラー小説『ダ・ヴィンチ・コード』だ。その本の著者ダン・ブラウンはこう論じる。マグダラのマリアに関する真実は2000年間封印されていた。カトリック教会は、「聖なる女性」という概念と、初代教皇聖ペテロの使徒の長としての優位性の、両方が傷つけられることを懸念していたからだ。また、マグダラのマリアを娼婦としたのはそもそもカトリック教会だという。そこにはイエスによって七つの大罪を清められたマリアと、聖書に記された罪深い女を同一化させたい思惑があったとダン・ブラウンは見ている。彼はさらに、テンプル騎士団は、隠された真実を明かす重要文書をエルサレムで見つけ、イエス・キリストの子孫が存在する証拠を隠していた、というストーリーを展開させている。

右：この14世紀の絵画には、自分の罪が許されたマグダラのマリアが、イエス・キリストの足を洗う場面が描かれている。陰謀論者のなかには、この後イエスとマリアは親密になり、子どもをもうけた、と考える人もいる。
下：ダン・ブラウン著『ダ・ヴィンチ・コード』。2003年の発行。

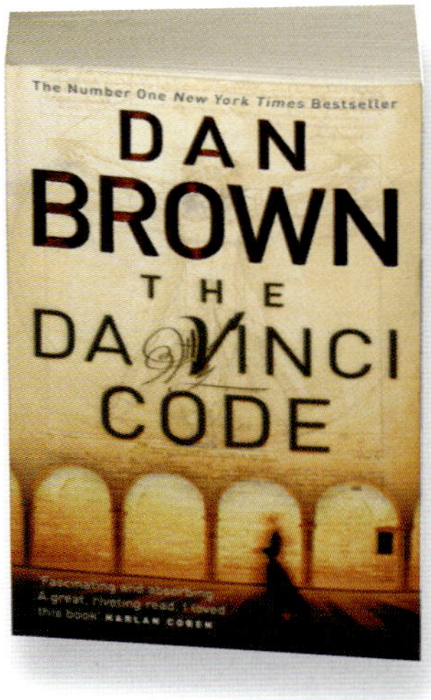

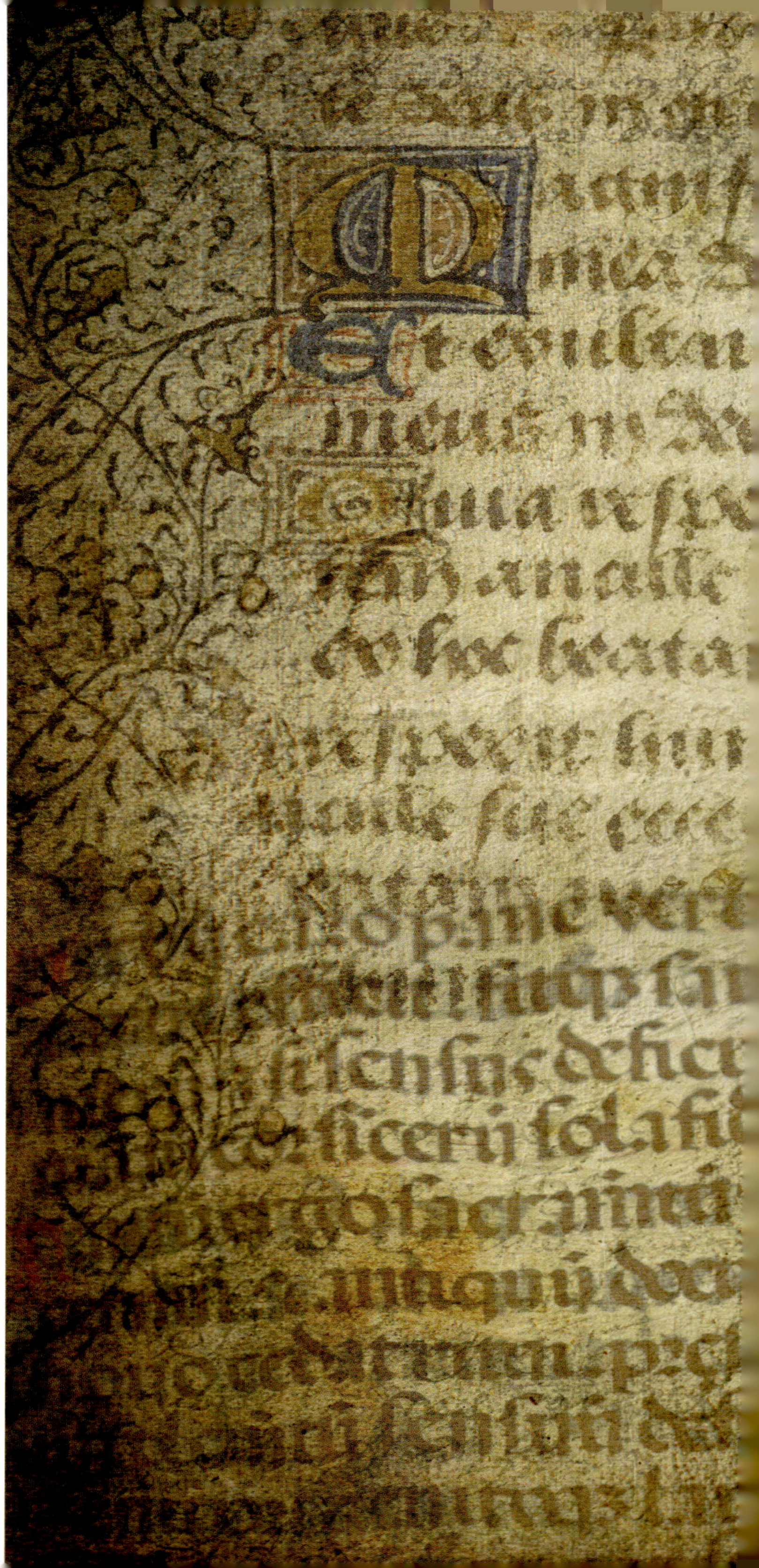

消えた時間

時間には2つの顔がある。まず、計測できる時間。もう一つは、数量化も確かめることもできない時間だ。前者の時間を計るのはいたって簡単。時計やカレンダーなど、人が作ったツールを使えばいい。となると、「ファントム時間仮説」が示すように、時間の間隔をコントロールすることができてしまう。時間のもう一つの顔は、光の速さで移動するときに、時間は遅く流れるというもので、アインシュタインの特殊相対性理論によって導かれた。史実を疑う一部の人によれば、バーミューダ・トライアングルは、四次元を越えて移動できる場所らしい。

ファントム時間仮説

ドイツの作家であり歴史修正論者であるヘリベルト・イリグ（1947年〜）は、1991年にファントム時間仮説を発表した。この説によると、今の私たちが生きている時代は、21世紀ではなく、18世紀なのだという。1582年、グレゴリウス13世（1502〜1585年）がユリウス歴からグレゴリオ暦に切り替えたことについて調べていたときに、イリグはこれに気づいたらしい。ユリウス暦は、ユリウス・カエサルが紀元前45年に制定した太陽暦である。しかし、ユリウス暦は、1年の本来の長さより、毎年約11分早く進むという誤差のあるものだった。そのためグレゴリウスの時代には不都合が生じていた。グレゴリウス歴導入に際し、グレゴリウス13世おかかえの暦学者たちは、失われた日数を計算し（10日だと見積もられた）、それを新暦に足したのだという。

ところがイリグは、この数字を再計算したところ、グレゴリウスとその取り巻きは、わざとこの数字を改ざんし、それを1582年ではなくて、1282年に組み入れたことがわかった、という。したがって、ここで歴史に300年の空白ができる。さらに、こうした空白の年月が、西暦610年から910年の間にもある、ともいう。根拠として、この間の歴史については書物に残されている記録がほとんどなく、歴史の検証も容易ではないことを挙げている。また、

左：西暦800年にローマで行われたカール大帝の戴冠式。イリグにいわせれば、カール大帝とその王朝は、新しいグレゴリオ暦を導入するときに、歴史のつじつまを合わせるために創作されたものだったという。

陰謀論者によれば、神聖ローマ帝国皇帝オットー3世（980〜1002年）とローマ教皇シルウェステル2世（946〜1003年）は結託して、神聖ローマ帝国の初代皇帝カール大帝（742〜814年）、およびそのカロリング朝をねつ造したらしい。オットー3世とシルウェステル2世は、みずからの治世の間に、キリスト教で重要な節目にあたる新しい千年紀（ミレニアム）の始まりが来るように、暦を改ざんしたのだという。

バーミューダ・トライアングル

バーミューダ・トライアングルとは、大西洋に浮かぶほぼ三角形の大きな海域で、その面積は約130万平方キロ。フロリダ半島沖南東とバーミューダ諸島、それにプエルトリコを結ぶ一帯に広がっている。ここは航海が危険な海域として、昔から船乗りたちに恐れられていた。ところが20世紀になると、謎めいた場所として話題になる。この海域を通る船や飛行機が行方不明になり、しかも、あとかたもなく消えてしまうからだ。科学的調査の多くは、結論として、異常に強い風と潮流をその原因に挙げている。その一方で、まったく違う結論を導き出す説もあとを絶たない。

おそらく、そのなかでひときわ有名なのが、宇宙人がこの三角地帯を利用して、人間を誘拐・拉致している、という説だ。この説は、ベンジャー雷撃機の編隊「フライト19」が1945年12月にミステリアスな消え方をした事件を基にしている。編隊は、途中までは通常の訓練飛行をしていた。ところが、操縦士が取り乱した声で無線連絡をしてきた。ナビゲーション装置が機能せず、方向を見失ったというのだ。以降、その編隊からの通信は途絶え、あとには何も残らなかった。この海域では過去に説明のつかない失踪が数え切れないほど起きている、という1950年の報告を皮切りに、その後も報告が続々と寄せられる。1964年、ここは魔の三角地帯だという伝説が本格的に支持されるようになると、作家のヴィンセント・ガディスはこう推理した。この編隊と乗員は、人智を越えた力に遭遇した。それはもしかしたら、宇宙人による被害かもしれない、と言い出したのだ。

また、この海域に1万年前に隕石が落下し、隕石の磁力がいまだにナビゲーション機器を狂わせている、という説を唱えた者もいた。また別の説では、失われたアトランティスの都市がこの三角地帯の海底に眠っており、巨大なピラミッド型のクリスタル

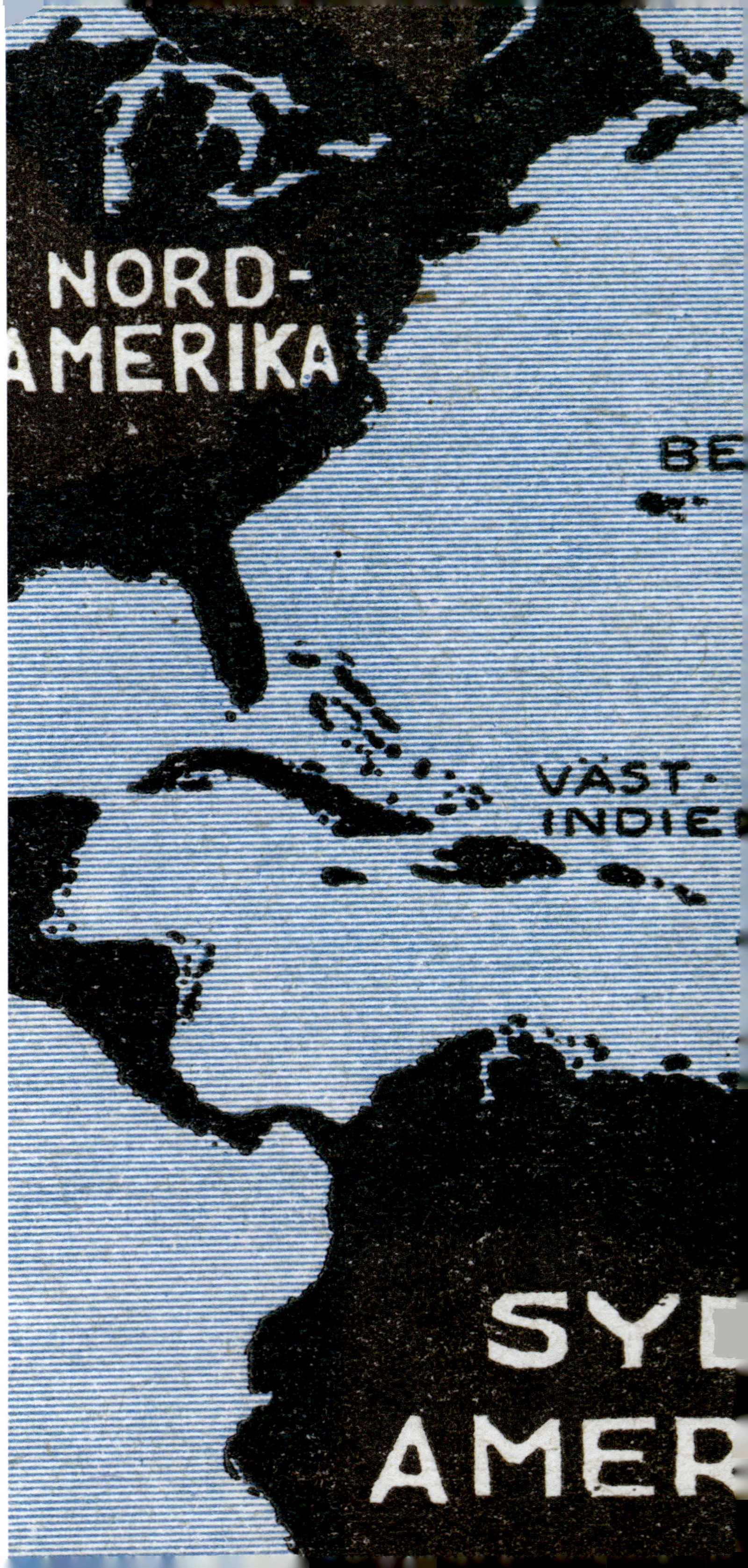

右：バーミューダ・トライアングルの海域には、以前から「魔の三角地帯」だという恐ろしい噂があった。そして、難破船はサルガッソ湾に流れ着いていると考えられていた。

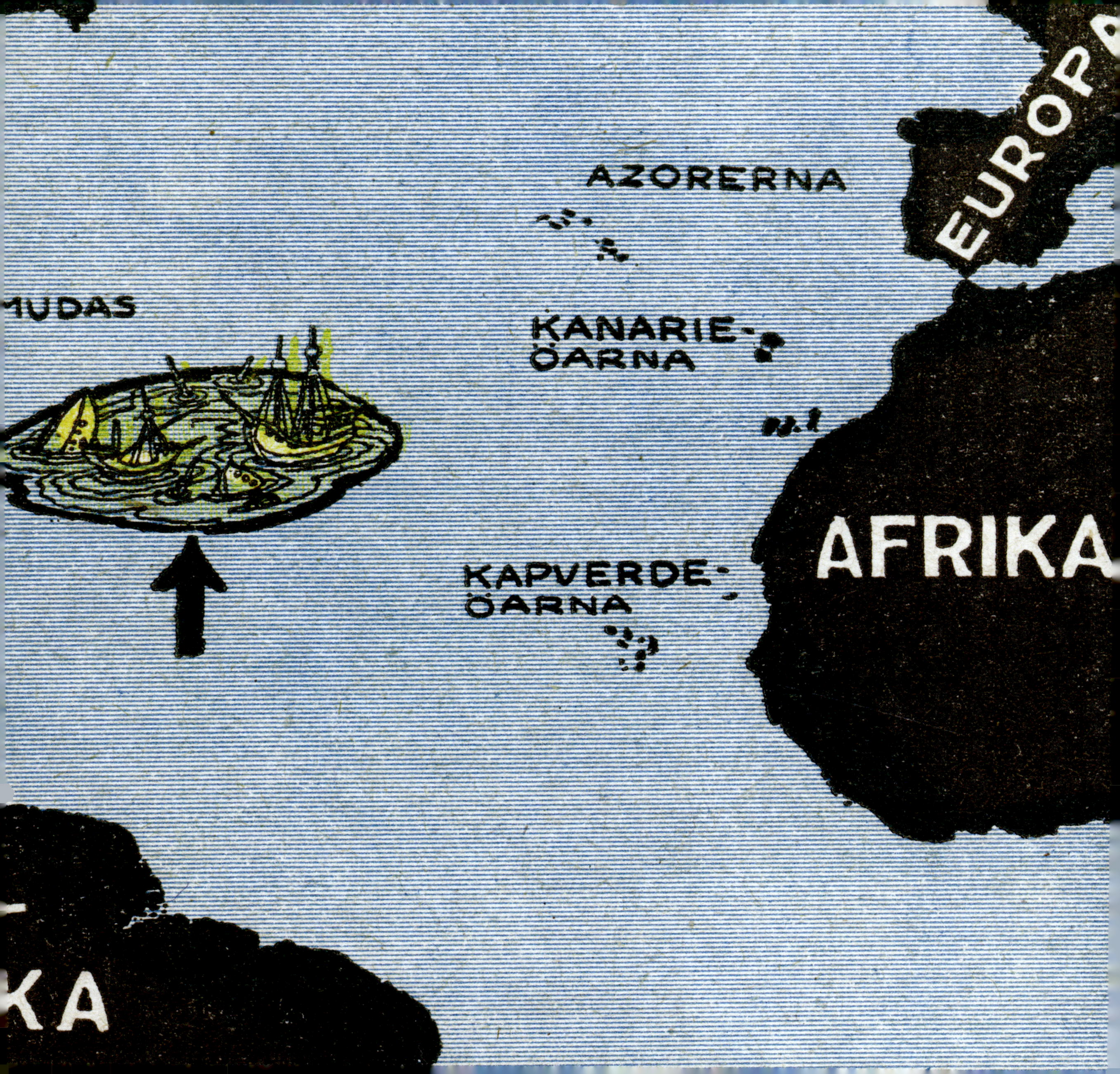

EUROPA
AZORERNA
MUDAS
KANARIE-
ÖARNA
AFRIKA
KAPVERDE-
ÖARNA
KA

28

が、異常な潮流と風を発生させる何らかのエネルギーを放出している、という。おそらくほかのどれよりも奇想天外な説は、この三角地帯ではタイムワープ（時間歪曲）が起きやすく、四次元の時間に移動できるという説だ。

科学者たちはこれまで何年も、行方不明になった原因について、異常気象、メタン爆発、海底地震などを挙げ、もっともらしい説明を述べてきた。にもかかわらず、一見すると何もない海がただ広がるこの海域は、謎や興味の対象として、昔も今も人々の想像力をかきたててやまないらしい。大きなたくらみがあると信じたがる人々はこれからも、バーミューダ・トライアングルの謎に魅せられ続けるだろう。

上：バーミューダ・トライアングルと呼ばれる海域の航空写真。
左：1945 年にバーミューダ・トライアングルで失踪した「フライト 19」編隊のメンバー。この事件を筆頭として、1950 年頃からこの海域で消息を絶った船や航空機の謎を科学者が究明し始めるようになった。

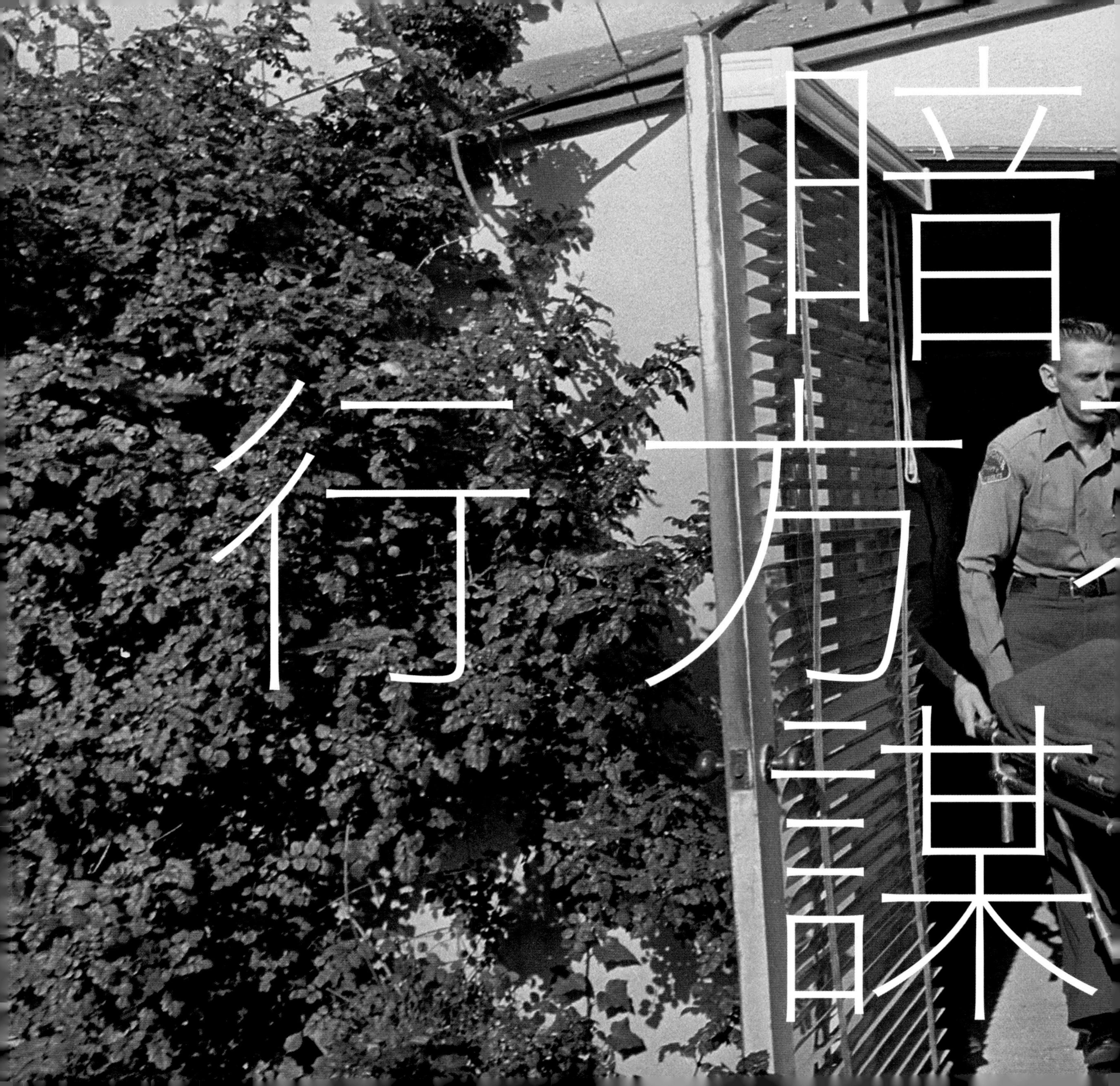

暗謀
行方

殺、
不明、
略

暗殺だったのか？

在任中に暗殺された米国大統領といえば、ジョン・F・ケネディがまず思い浮かぶ。しかし、実は歴代で4人が暗殺されている。いずれも銃で狙撃され、その傷がもとで亡くなった。さらに、ケネディ以降はどの大統領も命を狙われた。唯一、標的にされなかったのは、ケネディの死後に副大統領から大統領に繰り上がったリンドン・B・ジョンソン（1908～1973年）だけである。暗殺事件はもちろん米国に限った話ではない。それに、狙われるのは国家元首だけとは限らない。ここでは、世界中の人々を震撼させた暗殺事件をいくつか取り上げ、その謎に包まれた背景を紹介する。

ロマノフ一族

ロマノフ家。それは、1917年の十月革命当時、ロシアを統治していた皇帝一族である。その皇帝ニコライ2世（1868～1918年）には妻と5人の子どもがいた。1917年、左派グループのボルシェビキが権力を掌握する。すると一家は臨時政府によって連れ去られ、保護拘置下に置かれた。そして1918年、裁判などの公式な手続きもなく、拘置先で処刑された。手を下した銃殺隊はボルシェヴィキの指導者レーニン（1870～1924年）の命を受けていた。

この一家は生きて、どこかにかくまわれているという噂も飛んだが、皇帝と皇后、子どものうち3人の遺体を、1979年に歴史愛好家たちが発見した。だが、彼らは当局の追及を恐れて発見を隠し続けた。この恐ろしい発見がようやく公式に認められたのはソ連崩壊後のこと。1992年にDNA鑑定が行われ、遺体の身元が確認された。残り2人の子どもの遺体もやっと2007年に見つかるが、2体ともまだ埋葬されておらず、その一人の娘アナスターシャが無事に逃げ延びたという設定で、本や映画がいくつも作られている。自分こそアナスターシャだと称する人物も何人か現れたが、結局すべて、にせ者だった。しかし、当局がいまだ埋葬していないことは、この生存説の真実を示しているのではないだろうか？

前ページ：マリリン・モンローの遺体を運ぶ警官。
左：1914年のロマノフ一家。皇帝と皇后、それにアナスターシャ、オルガ、タチアナ、マリー、アレクセイの５人の子どもたち。

JFK

1963年11月22日、米国テキサス州ダラスで、第35代米国大統領ジョン・F・ケネディ（1917～1963年）が暗殺された。おそらくこの暗殺事件ほど、陰謀説が世間を騒がせた事件はないだろう。犯行をめぐって争点になるポイントは3つある。それは、殺された理由、首謀者、暗殺方法である。ケネディの死を受け、副大統領から繰り上げられて第36代大統領となったリンドン・B・ジョンソン（1908～1973年）は、大統領令に署名し、この3つの謎の解明に乗り出した。それは暗殺からわずか1週間後のことだった。ウォーレン委員会が発足し、10カ月後、報告書がまとめられた。ケネディ暗殺の犯人は、事件当日、現場で逮捕された主犯格の容疑者リー・ハーヴェイ・オズワルド（1939～1963年）であり、彼による単独の犯行、という結論だった。

同委員会によると、大統領を撃った銃弾は、テキサス教科書倉庫の屋上から発射された。現場ではボルト・アクション方式（手動）のライフルが発見された。ケネディの命を奪った銃弾は2発。1発目は首の後ろから貫通し、2発目は頭部を撃った。この2発目が、致命傷になった。さらに、ケネディのすぐ前に座っていたテキサス州知事ジョン・コナリー（1917～1993年）にも銃弾が当たり、背中、胸、手首と太ももを傷つけた。ウォーレン委員会によれば、最初にケネディに命中した銃弾が首を貫通してそのまま飛び、前の座席にいたコナリーに当たったのだという。

ところがコナリー本人が、この委員会の調査結果を大いに疑った。ほかにも多くの人々が、たった1発の弾がそんな複雑な弾道を描いて、2人の人間にダメージを与えられたはずがない、と考えた。そのためこの銃弾は皮肉をこめて、“魔法の銃弾”と呼ばれることもある。そうなると、真実が隠されていると信じる人々はこう考える。少なくとも狙撃者はもう一人いて、おそらく同じ倉庫ビルの屋上の別の位置から撃った可能性のほうがまだ現実的だ、と。

また、致命傷となった2発目の銃弾についても、いまも熱い議論が続く。暗殺の瞬間、ウクライナ出身の米国人エイブラハム・ザプルーダー（1905～1970年）が、このパレードの様子を家庭用動画カメラで撮影していた。のちの死因分析で、この映像が1コ

右：紙吹雪の舞うパレードのなか、車で登場するジョン・F・ケネディと妻ジャクリーン・ケネディ。ニューヨークのブロードウェイにて。
右上：ジョン・F・ケネディは、テキサス州ダラスのディーリープラザを自動車パレード中、集まった観衆の目の前で狙撃された。そのとき妻のジャクリーンは夫と後部座席に座っていた。

JFK SHOT TO

CONNALLY WO

Hidden Assassin Used Rifle

DALLAS (AP)--President John F. Kennedy, 36th President of the United States, was shot to death today by a hidden assassin armed with a high-powered rifle.

Kennedy, 46, lived less than an hour after a sniper cut him down as his limousine left downtown Dallas.

Automatically, the mantle of the presidency fell to Vice President Johnson, a native Texan who had been riding two cars behind the chief executive.

Asst. Presidential Press Secretary Kilduff said Johnson was not hit. He previously had been reported wounded.

There was no immediate word on when Johnson would take the oath of office.

Kennedy died at Parkland Hospital, where his bullet-pierced body had been taken in

his eyes red-rimmed, Yarborough said:

"I could see a Secret Service man in the President's car leaning on the car with his hands in anger, anguish and despair. I knew then something tragic had happened."

Yarborough counted three rifle shots as the presidential limousine left downtown Dallas through a triple underpass. The shots were fired from above—

to be serious. But doctors said that Connally had a good pulse and that his respiration was satisfactory.

Connally also was hit in the right wrist.

Though Mrs. Kennedy cried, "Oh, No" in horror and despair after her husband was shot, she did not collapse in or give way to hysteria.

When she entered the hospital, her clothing was covered with blood from her husband's wounds.

In Washington, Atty. Gen. Robert F. Kennedy, the President's younger brother and clos

JUST BEFORE SHOOTING—President Kennedy and Gov. Connally are shown just before Kennedy was assassinated in Dallas Friday. A sniper fired at the

motorca
emerge
apparen

DEATH!

UNDED

Connally Denies 'Real' Rift

FORT WORTH (UPI) — Gov. Connally denied today there was any significant rift in the Democratic party in Texas, but said, "If the presidential election were held today it would be a very close contest."

Asked about Sen. Yarborough's charge in San Antonio that he was "uneducated governmentally," Connally said, "We have made every effort we know how to provide a Texas welcome in five cities the Kennedys have visited and will visit."

A SIDESTEP

The governor sidestepped a question on whether he will support Yarborough in the Democratic primary next year. Connally and Yarborough are political enemies.

"I am going to be looking out for John Connally," the governor said. "I am not going to interfere in any other race. That

oth men were hit. They were given
ment in a Dallas hospital. Connally
shot in the back.

上：米合衆国35代大統領ジョン・F・ケネディ。

マ1コマつぶさに調べられた。2発目がケネディの頭に命中したとき、その衝撃で、大統領の身体が後方に反り返ったように見えた。そのため、もう一人の狙撃犯はパレードの前方にある「グラッシーノール（草の多い小山）」と地元で呼ばれる小高い緑地に隠れ、大統領を正面から撃った可能性を多くの人が指摘した。ザプルーダーのこの映像はいまも、陰謀説の核心部分を握っている。ウォーレン委員会が発表したオズワルド単独犯説は事実とは異なるし、当局は間違いなくその事実を隠している、という疑いは晴れない。

逮捕からたったの2日後、オズワルドは一人の狙撃者、当局によればマフィアの用心棒だった男によって殺された。それゆえ、大統領暗殺がオズワルドの単独犯だったのかどうかは、おそらく永遠に謎となるだろう。ケネディ暗殺にはマフィアとCIAの両方が関与している、と考える陰謀論者は多い。その陰謀のシナリオの数だけ、動機もある。

左：ケネディ大統領の暗殺を報道する1963年11月23日の『サン・アントニオ・ライト』紙。

ダイアナ妃

1997年8月31日。イギリスはもちろん、世界に衝撃が走る。ウェールズ皇太子妃ダイアナ（1961〜1997年）が、パリで車の衝突事故で亡くなったのだ。突然の悲報に、世界中の人々がその死を嘆き、悼んだ。そして当然ながら、このような悲劇が起きた、そのいきさつに注目が集まった。

ダイアナ妃はその1年前に、夫のウェールズ皇太子チャールズ（1948年〜）と離婚していた。何年も続いた不幸せな結婚生活。その間、記者たちは執拗に王妃を追い回した。この夫婦にはそれぞれ、不倫相手がいた。ロイヤルカップルの道ならぬ恋を、メディアはスキャンダラスな事柄まで競ってスクープしようとしていた。ダイアナは生前、1993年に執事に宛てた手書きのメモに「夫は私を交通事故に遭わせる計画を立てている」と記していた。親しい友人の何人かも、ダイアナは命を狙われていると言っておびえていた、と証言している。

この悲劇が起きた当時、ダイアナは富豪実業家の息子ドディ・アルファイド（1955〜1997年）と交際していた。メルセデスに乗っていた4人のうち、ダイアナとドディ、そして、運転手のアンリ・ポール（1956〜1997年）が、追突の衝撃で死亡した。事故直後、フランス警察は捜査の結果、この事故はダイアナの乗った車が煽られ、スピードを出し過ぎたために起きた、と発表する。ところがそのずっとあとに行われたイギリス側の調査は、運転手の「過失による事故死」という裁決を下した。酒に酩酊し、無謀

下：ダイアナ妃の命を奪ったメルセデス・ベンツの残骸。事故は1997年8月、パリのアルマ橋トンネルで起きた。

右：イギリスのグロスターシャー州ハイグローブ館の階段に座る、ダイアナ妃。

な運転をした、というのだ。しかしドディの父モハメド・アルファイド（1929年〜）は、この2人は王室一族とイギリスの諜報機関MI6が共謀した、大がかりな陰謀によって殺された、と言い続けている。これをきっかけとして、かなりのちにイギリスの司法が調査を行った。この調査は6週間にもわたったが、諜報機関や王室一族の責任が問われるような証拠は何も見つからなかった、と報告された。

ジャーナリストのノエル・ボサム（1940〜2012年）は、フランスとイギリスの結果報告の信憑性を疑っている。2007年に発表された彼の著作『ダイアナ妃殺し』（原題：*The Murder of Princess Diana*）によると、「軍産複合体」（100ページ参照）のエージェントが、ダイアナを殺す陰謀を画策したらしい。その理由として、非人道的な地雷の世界的な禁止運動を挙げる。この運動がダイアナの熱心な取り組みによって世界の注目を集めたため、武器メーカーは収益を圧迫されたという。ダイアナ妃の死についてはいまも、謎が尽きない。だからこそ陰謀説はあとを絶たず、真相は永遠に闇に包まれている。

ヴワディスワフ・シコルスキ将軍

シコルスキ将軍（1881〜1943年）は第二次世界大戦中、ポーランドの軍司令官であり政治的指導者を務めた。亡命中もみずからの軍隊を亡命先から指揮し続け、1943年5月には中東にいた部隊を訪ねている。その帰途、シコルスキ将軍を乗せ、ジブラルタルから飛び発った航空機が、離陸後まもなく海に墜落した。乗っていた将軍とその娘、そして首席補佐官が亡くなった。事件後にイギリスが行った調査では、墜落の原因は突き止められなかったが、破壊工作による事故ではなかった、と報告されている。ポーランド当局は、イギリス側がなぜ破壊工作の可能性を認めないのかをイギリスに問い正した。一方、ナチはこれをプロパガンダの好機ととらえ、この一件はイギリスとソビエトが手を組んだ陰謀であるという見解を示す。当時、この2国は同盟関係にあったからだ。また別の説では、この墜落事故の主犯はポーランドの最高司令部によるものだとしている。1921年にリガで調印したポーランドとソビエトの平和条約の更新をシコルスキは支持していたが、最高司令部は反対していたのだ。この条約では、ベラルーシとウクライナのかなりの国土がポーランドに割譲されていた。

左：ポーランド亡命政府の首相シコルスキ将軍。第二次世界大戦中、イギリスに駐留するポーランド人航空兵で編成されたイギリス空軍の戦闘機中隊に敬意を表するところ。

デイヴィッド・ケリー博士

2007年2月、英国国営放送（BBC）は、「陰謀ファイル」ドキュメンタリー番組シリーズで、デイヴィッド・ケリー博士（1944〜2003年）の死にまつわる回を放映した。ケリー博士は有名な科学者であり、細菌兵器の専門家として政府の相談役を務めていた。2003年7月、博士の遺体が自宅からほど近い林で見つかる。発見される前、博士の妻は夫が行方不明だと捜索願を出していた。ケリー博士は、細菌および化学兵器の専門家として国連の調査団に加わり、英国政府の依頼で諜報活動にも関与し、イラク国内に大量破壊兵器があるかどうか、確かめようとしていた。

2003年3月のイラク侵攻前、イギリスのトニー・ブレア首相（1953年〜）は、イラクには大量破壊兵器があり、しかもそれは“45分”で使用可能な状態にある、と報告し、緊急措置を取るように国民をあおった。ブレアが使った情報資料は俗に「9月文書」と呼ばれている。2003年3月から5月にかけてイラク侵攻が行われたが、大量破壊兵器は見つからなかった。7月にBBCのジャーナリストであるアンドリュー・ギリガン（1968年〜）は次のように発表した。「英国政府は文書を脚色し、話を盛り上げた」。

やがて文書の情報は、ケリー博士が提供していたものとわかる。博士はギリガンに、“45分”というのは、証拠の報告としては不正確だった、と打ち明けていた。すると外交問題特別委員会が博士を議会で尋問する。その模様がテレビで放映されたが、普段は冷静沈着な博士がとても動揺しているように見受けられた。2日後、博士は死体で発見された。

その後、首相の指示による調査が始まった。そして、最高裁判事ハットン卿率いるハットン委員会は、博士の死因は自殺である、という判断を下した。通常、死因が特定できない人物の調査は、全面的な法的権限を持つ検死官が行い、その後、目撃者が召喚されて、宣誓したうえで証拠となる証言をする。ところが、この調査ではその手続きが踏まれていなかった。重要な情報を握る複数の証人が、証拠となる証言、それも、政府の隠ぺい工作に対する告発につながる証言をしていないのである。表沙汰にできない真相がある、とにらむ人々は、ケリー博士は「黙らされた」と信じている。

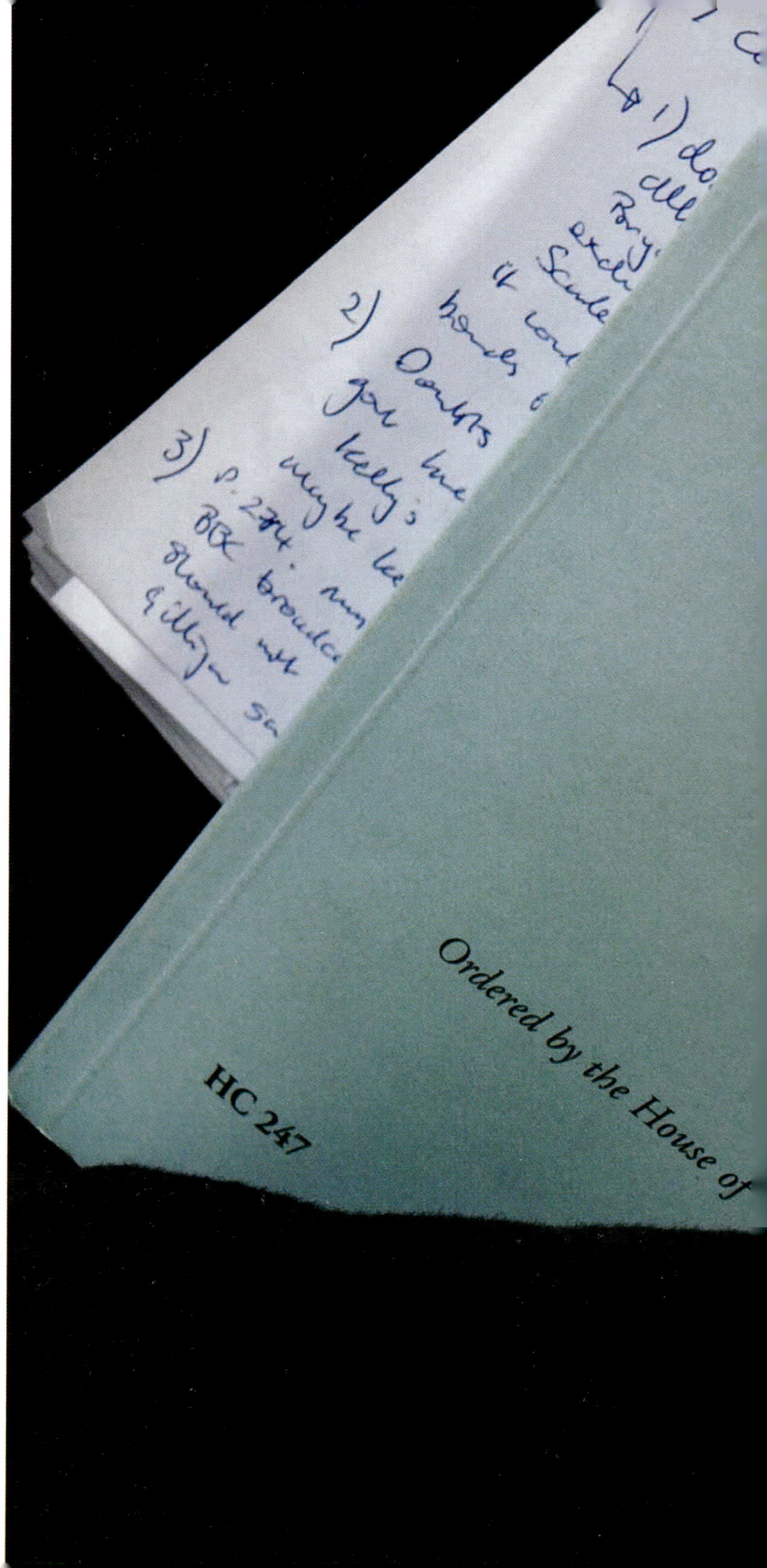

右：2004年1月に発表された、ハットン報告書。サー・デイヴィッド・ケリー博士の死をめぐる状況の調査内容。現在にいたるまで、この報告書は“事実をごまかす隠れみの”であり、政府の隠ぺい工作だと非難されている。

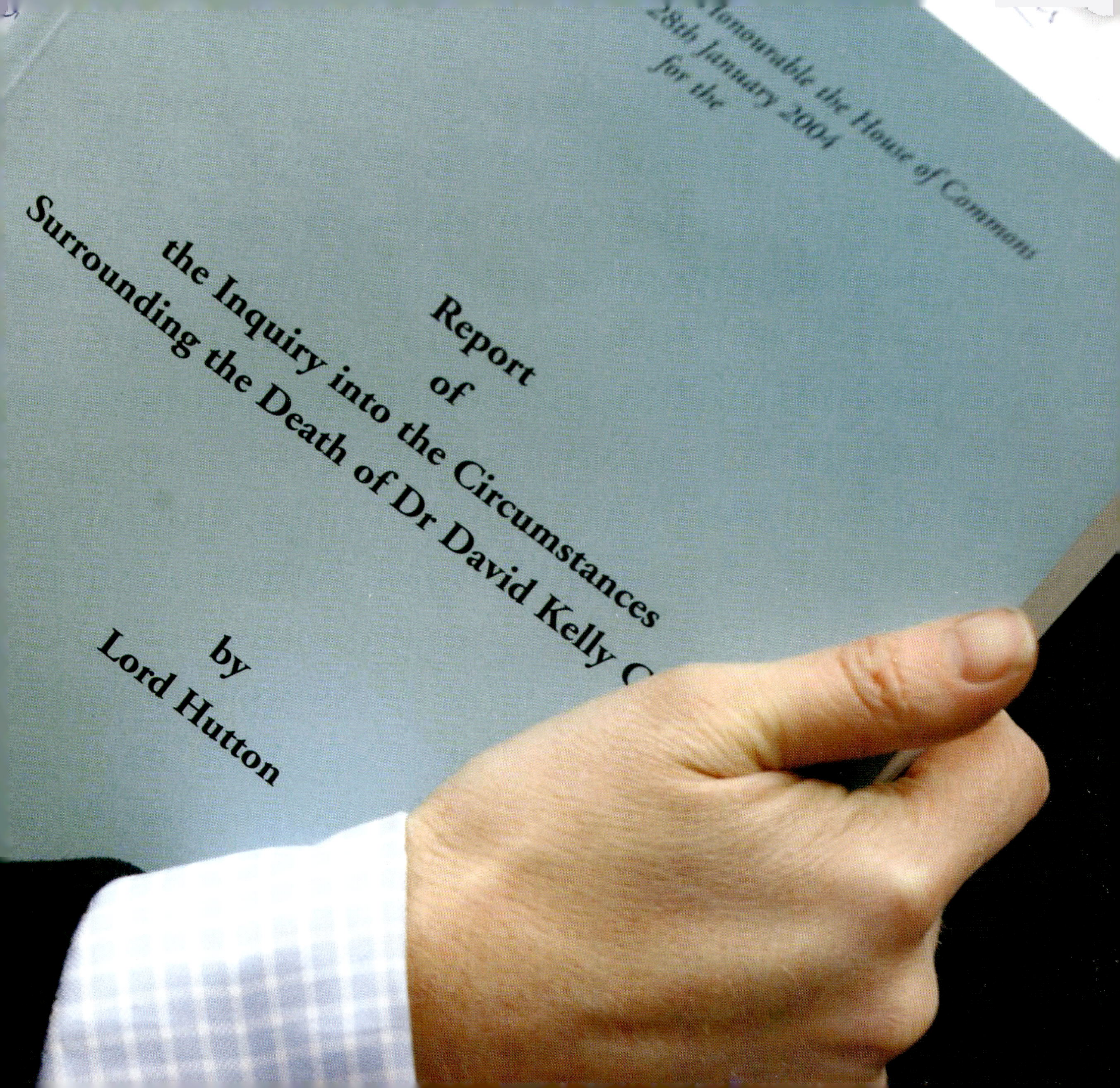
onourable the House of Commons
28th January 2004
for the
Report
of
the Inquiry into the Circumstances
Surrounding the Death of Dr David Kelly
by
Lord Hutton

本当に死んだのか？

ナチスの戦争指導者アドルフ・ヒトラーが死んでから、75年以上経つ。しかしその死はいまだに謎に包まれている。それというのも、自殺したと伝えられるヒトラーの遺体の処分を証言する信頼できる目撃情報がほとんどないからだ。テロリストのリーダー、オサマ・ビンラディンも同様である。米国の兵士に殺され、海に葬られたが、その死体を実際に見たという目撃者はほぼいない。ほかにも、誰もが知っている20世紀の偉大な2人のシンガー、エルヴィス・プレスリーとポール・マッカートニーの"死"も謎だらけだ。プレスリーの遺体を葬儀前に見た人は多いが、生きているプレスリーの目撃情報はあとを絶たない。一方、マッカートニーは、実は1967年に自動車事故で亡くなり、現在みんなが彼だと信じている人物は、替え玉だといわれている。

アドルフ・ヒトラー

1945年5月、ドイツ、ナチスは無条件降伏をした。それを受け、当時の人々の間で、「ヒトラーは本当に死んだのか？」という疑

下：ヒトラーの左側にいる総統代理ルドルフ・ヘスの末路について、大半の意見は一致する。しかし、ヒトラーの自殺を信じていない人がいまだにいる。

左：ヒトラーはベルリンの総統官邸地下にあった「総統地下壕（フューラーブンカー）」で自殺したと伝えられる。その後この地下壕は一部破壊された。

上：破壊された防空壕の外に置かれたアドルフ・ヒトラーの椅子に腰かける、イギリス首相ウィンストン・チャーチル。1940 年、ドイツ、ベルリンにて。

惑がささやかれた。1934年にドイツ総統に就任しドイツを第二次世界大戦に導いたヒトラーの姿が最後に目撃された場所は、ベルリンの総統官邸の地下にあった「総統地下壕（フューラーブンカー）」だった。ベルリン市を最初に占領したソビエト軍は、ヒトラーの死について、政治的思惑から積極的に誤情報を流そうとしたらしい。1945年7月、ポツダム会談中のソビエト指導者ヨシフ・スターリン（1878～1953年）は、ヒトラーははたして死んだのか、と問われたときも、かたくなに「ノー」と答えている。

一般的に知られている情報は、この地下壕で捕らえられたヒトラーの部下が伝えるものである。ヒトラーは妻に毒を飲ませ、拳銃で自分を撃ち、2人の遺体は地下壕の外の庭園で焼かれた、とされている。しかし、陰謀論者の多くが信じている別の説がある。その説では、ヒトラーはドイツを脱出してファン・ペロン（1895～1974年）の君臨するアルゼンチンに逃げたことになっている。近年放映された「ヒトラーを追跡せよ！」というドキュメンタリー番組では、ヒトラーとその側近はＵボートでドイツを脱出し、アルゼンチンに逃亡したと論じた。その証拠は、現在では機密解除されたFBI、CIA そして MI6の極秘書類、それにドイツ、ロシアとアルゼンチンの資料から得たという。

右：戦況を報道する米軍の星条旗新聞に、「ヒトラー死す」の文字が踊る。1945 年 4 月 30 日、第三帝国の崩壊が報じられたが、一部でいわれているように、ヒトラーは亡命したのだろうか？

EXTRA THE STARS AND STRIPES EXTRA
HITLER DEAD
EXTRA THE STARS AND STRIPES
HITLER
EXTRA THE STARS AND STRIPES
HITLER DEAD

TO ELVIS IN MEMORIAM
MINNIE MAE PRESLEY
JUNE 17 1890
MAY 8 1980
ELVIS AARON PRESLEY
JANUARY 8, 1935
AUGUST 16, 1977
SON OF
VERNON ELVIS PRESLEY
AND
GLADYS LOVE PRESLEY
FATHER OF
LISA MARIE PRESLEY
HE WAS A PRECIOUS GIFT FROM GOD
WE CHERISHED AND LOVED DEARLY.
HE HAD A GOD-GIVEN TALENT THAT HE SHARED
WITH THE WORLD, AND WITHOUT A DOUBT,
HE BECAME MOST WIDELY ACCLAIMED;
CAPTURING THE HEARTS OF YOUNG AND OLD ALIKE.
HE WAS ADMIRED NOT ONLY AS AN ENTERTAINER,
BUT AS THE GREAT HUMANITARIAN THAT HE WAS;
FOR HIS GENEROSITY, AND HIS KIND FEELINGS
FOR HIS FELLOW MAN.
HE REVOLUTIONIZED THE FIELD OF MUSIC AND
RECEIVED ITS HIGHEST AWARDS.
HE BECAME A LIVING LEGEND IN HIS OWN TIME,
EARNING THE RESPECT AND LOVE OF MILLIONS.
GOD SAW THAT HE NEEDED SOME REST AND
CALLED HIM HOME TO BE WITH HIM.
WE MISS YOU, SON AND DADDY. I THANK GOD
THAT HE GAVE US YOU AS OUR SON.
TCB
BY: VERNON PRESLEY

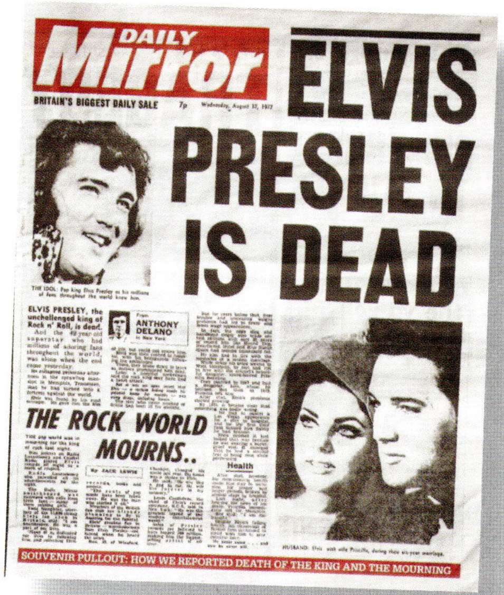
DAILY Mirror

BRITAIN'S BIGGEST DAILY SALE

ELVIS PRESLEY IS DEAD

THE ROCK WORLD MOURNS..

SOUVENIR PULLOUT: HOW WE REPORTED DEATH OF THE KING AND THE MOURNING

上：「エルヴィス死す」！

エルヴィス・プレスリー

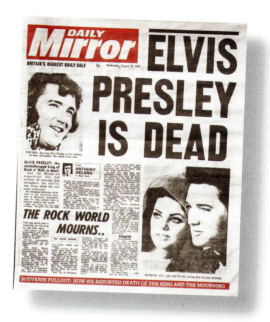

エルヴィス・プレスリー（1935～1977年）は1977年8月16日に亡くなっている。しかしそれはにせの報道だと、これまでに数々の書籍やドキュメンタリー映像が指摘している。この手の陰謀説でよくあることだが、心理学者の分析によると、ファンには憧れの大スターの死を受け入れ難い心理が働く。そこで、死後もエルヴィスの姿を見たと信じ込む人が数多く現れ、実は生きている、と思われるようになったという。

主治医が薬を過剰処方したと疑われ、エルヴィスは多種類の薬を大量に飲み過ぎて死んだ、という声が世間で高まった。この主治医は医師免許をはく奪された。その後も死因調査が行われ、1994年の報告では多剤併用の診断が確認された。しかも、この過剰処方が原因でエルヴィスは便秘症になった可能性があり、そのせいで、用を足している間に心臓発作を引き起こしたのかもしれない。公式発表では、エルヴィスはバスルームで心臓発作で死亡したとある。“目撃情報”とは別に、多くの陰謀論者が信じる説がある。デマの死亡情報を流したのはエルヴィス自身であり、うつ病になったため、ファンの目を避けたかった、というものだ。

左：エルヴィス・プレスリーとその一族の墓石。晩年の彼が住んでいたテネシー州メンフィス、グレイスランドの「メディテーション・ガーデン（迷走の庭）」にある。

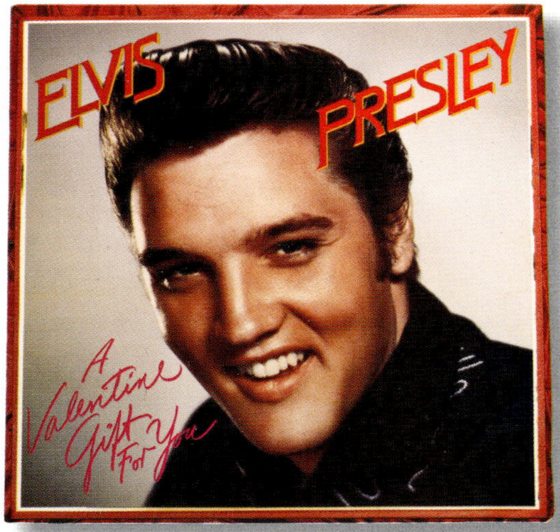

上：エルヴィスの死後、彼の財産管理のために設立されたエルヴィス・プレスリー・エンタープライスは、収益が彼の生前の収入をはるかに超えた。彼は自分の死についてデマを流したのだろうか？

ポール・マッカートニー

ビートルズ・ファンの専門誌『ビートルズ・マンスリー・ブック』の編集スタッフは大忙しだった。ポール・マッカートニー（1942年～）がその前月に交通事故で死んだ、という噂を1967年2月号で鎮静化させようとしていたのだ。この騒ぎはいったん収まる。ところが、米国のDJラス・ギブ（1931年～）が、ポール死亡の可能性を番組で掘り下げたとたん、事態は急変する。大勢がこのラジオ局に電話をかけ、ビートルズが事故後に録音した楽曲に隠されたさまざまな謎を報告した。1969年10月、ギブがこのテーマで2時間のラジオ番組を放送すると、いわゆる「ポール死亡説」が生まれた。現在のポールは瓜二つの替え玉だ、という説まであった。この説の支持者たちは、ビートルズのレコードに隠された「謎」を基に、ほかのメンバー3人がグループの落ち目を恐れてポールの死を隠した、あるいは、3人がさりげない方法でポールの死亡を伝えた、などと憶測する。

右：1967年、ロンドンでのビートルズ。左からポール・マッカートニー（本物か？ 替え玉か？）、ジョージ・ハリスン、リンゴ・スター、ジョン・レノン。

DON'T SAY:
DREAM RETIREMENT
DOLLAR COST AVERAGING
Fixed income
ASSET ALLOCATION
FINANCIAL FREEDOM
EQUITIES
Plus, Mind Your Language
L STREET JOURN
MONDAY, MAY 2, 2011 - VOL. CCLVII NO. 101
Osama Bin Laden, Terror Mastermind, Is Reported Dead
75¢ $1.00 outside King, Pierce, Snohomish, Kitsap counties
WINNER OF EIGHT PULITZER PRIZES
BIN LAD
KILLE
A NATION
SPORTS SCORES INSIDE
LeBron James: Drives past Celtics' Rajon Rondo.
Celtics feel the heat
Miami leads Eastern Conference semifinal with 99-90 win. NBA, 1, 10C
THE NATION'S NEWSPAPER
USA TODAY
A GANNETT COMPANY
Newsline
MONDAY, MAY 2, 2011
A step toward sainthood
Masses of people fill St. Peter's Square to see John Paul II's coffin as the former pope was beatified, 7A
NATO says it wasn't targeting Gadhafi; Russia slams attack
Osama bin Lad
dead, Obama s

ウサマ・ビンラディン

9・11テロ攻撃以降、国際テロ組織アル＝カーイダの指導者ウサマ・ビンラディン（1957～2011年）は、米国が血まなこになって捜す指名手配犯となり、その首には2500万ドルの賞金がかけられた。結局、パキスタンの私邸に隠れていたところを突き止められ、オバマ米国大統領の命令で海軍SEALSによって殺された。遺体は身元確認のためにアフガニスタンに移送され、その後、米国海軍船に積まれ、そこから海に投げ込まれて水葬された。

この船にはイスラム教の導師が乗船しておらず、遺体は秘密裏に処理されたため、陰謀説好きは「ビンラディンは本当に死んだのか？」という疑問を抱くようになる。ビンランディンは報道されているように、2011年5月の銃撃戦で死んだのか？　それともそれ以前に亡くなっており、米国は彼が死んだ既成事実を証明する必要があったのか？　オバマ大統領はこれを米国の極秘のミッションだと述べていたが、パキスタン当局も暗殺に関与していたのではないか？　ちなみに米国の調査ジャーナリスト、シーモア・ハーシュ（1937年～）は、ビンラディンの死に関する米国側の説明は嘘だと指摘し、大統領に追従するメディアを批判した。さらに、パキスタン軍統合情報局（ISI）がビンラディンの死に加担していた、と主張している。

下：2011年5月、米国特殊部隊の地上作戦によって、アル＝カーイダの指導者ウサマ・ビンラディンは死亡した。焦げ跡の残るアジトの外に集まる、パキスタン警察と報道陣。

左：ウサマ・ビンラディンの死はメディアで広く報道された。ところが、オバマ大統領は死体の写真の公表を拒否した。そのため、ビンラディンの死を疑う者が現れる。

謎の死

有名人の突然の死は、人々に衝撃を与える。その死によって、同時代の大勢の人々は動揺し、さまざまな感情をかきたてられる。死の説明を求めたり、原因を探ったりする声が高まると、その裏に何かある、という陰謀説が出ることがよくある。人気映画スター、マリリン・モンローはドラッグの過剰摂取で、あまりにも突然亡くなった。しかしこれは、本当に自殺なのか、それとも他殺か？　ヒップポップ界のスター、トゥパック・シャクールは、ロサンゼルスの路上で射殺された。明らかにこれは殺人だ。しかし、撃ったのは誰か？　ニューヨークのライバルのラッパーか？それとも、イルミナティと関係のある、もっと根深い動機を持った人物の犯行か？

ファラオの呪い

1922年、第5代カーナーヴォン伯爵ジョージ・ハーバート（1866～1923年）の資金提供を得て、考古学者ハワード・カーター（1874～1939年）率いるイギリスの遠征隊はエジプトの王家の谷でツタンカーメン王の墓を発見した。

王（ファラオ）の永遠の眠りを妨げた者には必ず太古の呪いがかかる、という言い伝えを心配する者もいた。それでもひるまず、カーターの遠征隊はカーナーヴォン卿とともに1922年11月29日、王が眠る玄室に足を踏み入れた。まさにこの日、王のシンボルである一匹のコブラが、カーターが飼うカナリアを襲って食べたらしい。その4カ月後、カーナーヴォン卿は蚊に頬を刺されたのをきっかけとして敗血症にかかり、亡くなった。カーターは1939年まで生きたが、この遠征にかかわった者や王の墓を訪れた者の多くが、不可解な死を遂げている。そのため、王の呪いはいまだに人々を震え上がらせる。

右:エジプト考古学者ハワード・カーター（右）とカーナーヴォン卿。1922年、エジプトの王家の谷にて。カーナーヴォン卿は発見と同じ年に亡くなっている。原因は、王（ファラオ）の呪いのせいではないかといわれている。
次ページ:1922年、ツタンカーメンの墓を発見したハワード・カーターとカーナーヴォン卿。2人はうかつにも、古代の呪いを解き放ってしまったのだろうか？

上：1953 年のマリリン・モンロー。

マリリン・モンロー

ノーマ・ジーン・ベーカー（1926〜1962年）、またの名をマリリン・モンローという世界に愛された銀幕のスターが、1962年8月5日に死体で見つかった。死因は睡眠薬バルビツールの大量服用で、メディアは「自殺の可能性が高い」と報道した。ここから、陰謀論者の多くがモンローの死亡の経緯や動機を疑い始める。殺されたのか？　誤って死んだのか？　それとも覚悟の自殺か？

3回の結婚経験を持つ、きらびやかな映画スターは当時、精神的に追い詰められていたらしい。うつ病から逃れようと薬物とアルコールに浸り、依存症に陥っていた。遺書はなく、誤って薬を過剰摂取した可能性はない、と検死官は報告した。解剖の結果、睡眠薬の錠剤を一度に大量に飲み込んだことが死因だと判断されたため、覚悟の上の自殺、と考えられた。解剖の結果から検死官が「自殺の可能性が高い」と報告しても、マリリンは実は殺されたのではないか、と一部の人は疑う。最初にこの考えを示したのはマリリンの伝記『マリリン――性と愛の神話』（1973年、原題：*Marilyn: The Biography*）の著者、作家のノーマン・メイラー（1923〜2007年）だ。メイラーは著書のなかで、殺したのはCIAおよび（または）FBI、と推理する。殺人の動機は、ケネディ兄弟、つまりジョンとロバートと、彼女との不倫関係だという。

左：1962 年 8 月 6 日、マリリンは死んでいるところを発見された。「自殺の可能性が高い」という報道に、裏に何か隠されている、と見る人は多い。

上：トゥパック・シャクールは、ラスベガスの路上で無惨にも射殺された。のちに論争を引き起こすアルバムの録音直後のことだ。このアルバムでは、ニューヨークで活躍するラップ界のライバル連中をこきおろしていた。

トゥパック・シャクール（“2パック”）

“2パック”という名で知られるトゥパック・シャクール（1971～1996年）は、世界でも有数のヒップポップ音楽のアーティスト。しかし25歳だった1996年9月、ラスベガスの路上で射殺された。死後に出たアルバム「ザ・ドン・キラミナティ：ザ・7デイ・セオリー」（1996年）は、過去の作品よりも暗く、声や歌詞に怒りがある、と話題になる。その前年に収監された牢獄で秘密結社イルミナティについて知り、この組織と社会抑圧をもくろむ信者の野望を激しく憎むようになったらしい。2パックはイルミナティに殺されたのか？　このアルバムには、ニューヨーク出身のヒップホップアーティスト、ノトーリアス・B・I・Gまたはビギースモールズことクリストファー・ウォレス（1972～1997年）に対する侮辱の言葉が多い。そのため、アメリカのヒップポップ界の東西海岸抗争を激しくあおった。ビギーもまた路上で凶弾に倒れる。2パックと似た状況で殺されたとすると、これは報復劇か？陰謀論好きの間では、イルミナティの仕業とする説が有力だ。

右：ノトーリアス・B・I・G。シャクール暗殺の仕返しに殺されたのか？

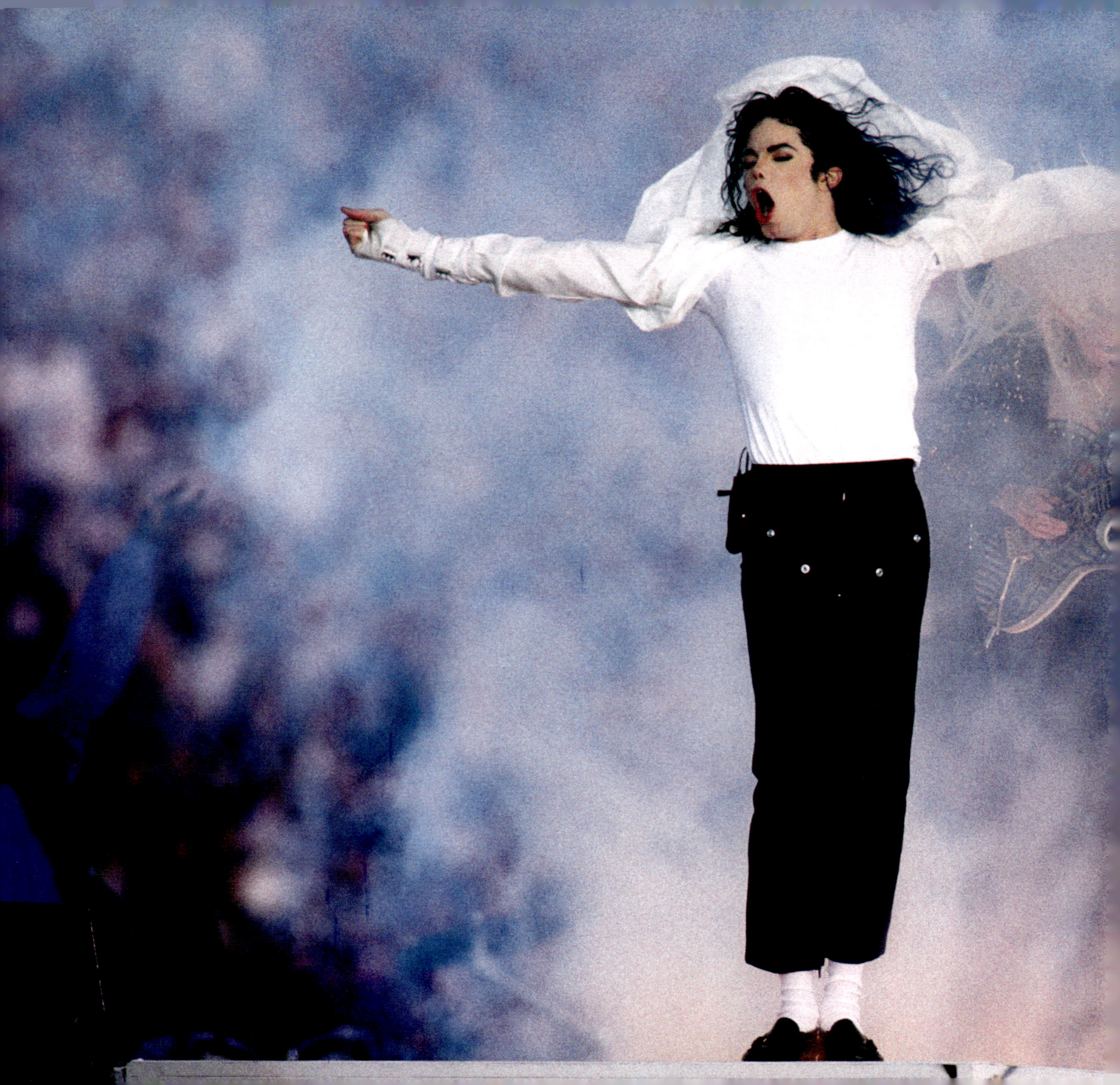

Weather: Mostly cloudy, T-Storms. 79/66 SPORTS ★ FINAL Saturday, June 27, 2009

DAILY NEWS

NEW YORK'S NUMBER ONE NEWSPAPER

75¢ NYDailyNews.com

Fears that haunted Michael Jackson

King of Pop had chilling premonition of own death

FULL COVERAGE BEGINS PAGES 2-3

HE SAW IT COMING

上：2009 年の逝去後も、マイケルの死を信じない人は大勢いる。死んだことにすれば、莫大な財産を彼が（またはほかの誰かが）受け取れるというのだ。

マイケル・ジャクソン

もう一人、ポップカルチャーのスターを紹介しよう。“キング・オブ・ポップ”、マイケル・ジャクソン（1958〜2009年）だ。不可解な状況で亡くなったマイケルを検死解剖した鑑定結果は、「殺人」だった。死因は彼の主治医コンラッド・マレー博士（1953年〜）による薬の過剰処方とされ、この主治医はのちに過失致死罪で有罪判決を受ける。マレー博士が何者かと共謀してマイケルの死期を早めたのだろうか。マイケルは生前、身の危険を感じている、と姉のラトーヤ（1956年〜）に漏らしていた。マイケル関連のビジネスが生み出す莫大な利益が狙われていると考えたのだ。マイケルの娘パリス（1998年〜）もまたこの説を信じている。

エルヴィス同様、多くの人々が、マイケルの死を疑う。だから、“キング・オブ・ポップ”の目撃情報がいまも次々と寄せられる。なかでも特に謎だらけなのが、マイケルの死後すぐ、ネット上に現れた“アラン・ポンティフェックス”なる人物である。アランが住むというカナダのオンタリオ湖畔の家は警備が厳重で、周辺取材をしても、この新しい入居者を知る者はいない。マイケルは実は生きていて、死亡したと世を偽っているのか？

左：第 27 回スーパーボウルのハーフタイム・ショーに出演するマイケル・ジャクソン。1993 年 1 月 31 日、カリフォルニア州パサデナにて。

行方不明、失踪宣告

行方不明になってからどのくらい経てば、公式に「死亡」とみなされるのか？　通常は、行方不明者の生存する姿が最後に目撃されてから7年経つと、死亡が認められる。ただし、行方不明者から何らかの検証可能な連絡があった場合は、この限りではない。“7年”が適用された有名な例は、労働組合の指導者ジミー・ホッファ（1913〜1982年）の失踪事件だ。ホッファは1975年の失踪から7年目を迎えた日に死亡宣告された。このルールは多くの事件で適用されるが、例外として扱われた有名な失踪事件がある。ルーカン卿はある殺人事件の主犯として指名手配された。だが、こつ然と姿を消す。そして、公式に死亡宣告されるまで、失踪から42年の月日が流れた。

ルーカン卿

　リチャード・ジョン・ビンガム、またの名を第7代ルーカン卿（1934年〜？）は、1974年11月に失踪し、それ以来消息がわからない。2016年2月、ロンドンの高等法院は公式にも法的にもルーカン卿の死亡を宣告した。ただし、遺体はいっさい見つかっていない。1974年の11月7日夜、ルーカン卿の子どもたちの養育係だったサンドラ・リヴェット（1945〜1974年）が、ロンドンのルーカン家で撲殺された。事件後、ルーカン卿の行方がわからなくなったため、彼が第一容疑者となった。養育係と同時に襲われたルーカン卿の妻は、自分を襲ったのは夫だ、と証言する。ルーカン卿について報告されている確かな目撃情報は、サセックスにある友人の家に立ち寄った、という証言が最後である。この家で彼は車を借り、ニューヘブン港に向かい、おそらくフェリーに乗ってイギリスからヨーロッパ大陸に渡ったらしい。ルーカンには有力者の知人が大勢いる。おそらく彼らが、失踪と潜伏を助けたと考えられている。

右：派手な暮らしをしていたルーカン卿。ギャンブルに明け暮れる毎日だったが、負けがかさみ、失踪当時多額の負債を抱えていた。世界各地から目撃情報が多数寄せられたが、その消息はいまだにわからずじまいだ。

上：アイルランド、キルデア州にあるバリメニー牧場。その敷地を見回るアイルランド警察の警官。1983年にこの場所からシャーガーが消えた。どこに行ったのか？

シャーガー

アイルランドで生まれ育った競走馬シャーガーは、1981年のエプソム・ダービーで2着の馬と10馬身差をつけて優勝した。この記録はいまも破られていない。その2年後、この馬はアイルランドの牧場から銃を持った覆面男たちによってさらわれ、その後行方がわからない。誘拐されてから数日もしないうちに、馬の身代金を要求する電話が何回かかかってきた。この事件で誰よりも有力な犯人は、暫定アイルランド共和軍（PIRA、あるいはIRA）だ。彼らは武器を購入する資金を求めていた。元暫定アイルランド共和軍メンバーの密告者が、シャーガーは誘拐後まもなく撃たれたと証言し、この容疑を裏づけた。しかし、シャーガーの遺体はいまだに回収されておらず、犯人たちはいまも逮捕されていない。

左：1981年6月3日のエプソム・ダービー1番人気で（オッズ1.9倍）、ウォルター・スウィンバーンが騎乗し、ゴールを目指すシャーガー。この優勝レースで、2着との距離がダービー史上最長の10馬身を記録する。

彼らの正体は？

歴史上実在した人物の正体について、定説を疑う陰謀説は星の数ほどある。なかでもその正体をめぐって議論百出の人物、といえば、イギリスの戯曲家で詩人のウィリアム・シェイクスピアだろう。あれほどの作品を、彼のような育ちの者が書けるはずがない、と疑われている。この謎は「シェイクスピア別人説」と呼ばれ、真面目な学問の対象となっている。これに劣らず真剣に研究されているのは、おそらく世界で最も悪名高き連続殺人犯、切り裂きジャックの正体だ。1888年のロンドンに実在したこの殺人鬼は、少なくとも5人の女性を殺した。

ウィリアム・シェイクスピア

ウィリアム・シェイクスピア（1564〜1616年）は自分で作品を書いたのか、という疑問が最初に出たのは19世紀である。ラルフ・ウォルドー・エマーソン（1803〜1882年）をはじめアメリカ人作家が、庶民的な育ちのシェイクスピアがあれほどの作品を書いた、その理由を突き止めようとしたのだ。それまでシェイクスピアは天才で、英語で執筆する作家のなかでもその想像力はずば抜けている、とカリスマ視されていた。シェイクスピアの伝記によると、父親は革をなめし、手袋を作って生計を立てていた。そして、シェイクスピアは高い教育を受けていない。しかも、この質素な社会的地位を考えたら、戯曲によく登場する宮廷生活の知識などあるはずもない。この明らかなギャップ、そして、シェイクスピアの人生についてあまり多くが知られていない事実から、シェイクスピアの戯曲や詩は本当に本人が書いたのか、という疑問を持つ人が続々と現れた。

これまで数多くの著名人が、シェイクスピア作品は別人が書いたのではないか、という疑いを表明した。そのなかには、マーク・トウェイン（1835〜1910年）、ヘンリー・ジェイムズ（1843〜

右の左：エドワード・ド・ヴィアー（1575 年ごろ）。実は彼がシェイクスピアだったのか？
右の右：ウィリアム・シェイクスピアの戯曲作品集『ファースト・フォリオ』の口絵。シェイクスピアの死から７年後に、友人だった２人の役者が世に出した。この２人も、この作家の正体を隠す陰謀に加わっているのか？

Nominativamente del canone livellar
3.° Che entro il termine

B.D.

1913年）、ジグムンド・フロイト（1856–1939年）などもいた。シェイクスピアの“ゴースト”ライターを務めた“本物の”書き手候補は何人もいる。フランシス・ベーコン（1561～1626年）、5代ラトランド伯ロジャー・マナーズ（1576～1612年）、それに、第17代オックスフォード伯エドワード・ド・ヴィアー（1550～1604年）が挙げられる。また、第6代ダービー伯爵ウィリアム・スタンリー（1561～1642年）はシェイクスピアとイニシャルが同じだから明らかに怪しい、という意見もある。

これらの論説から陰謀説が続々と現れた。なかでもとりわけ有力視されているのが、シェイクスピア俳優であり、ロンドンのグローブ座の舞台監督である、マーク・ライランス（1960年～）の意見だ。ライランスは、当時の著述業はいまと違い、共同執筆で書かれていた可能性がある、という。また別の有名なシェイクスピア俳優サー・デレック・ジャコビ（1938年～）は、ネット上で署名を募る活動「合理的な疑いの宣言」を2007年に立ち上げ、シェークスピアの正体について学問として入念な調査を行うよう広く呼びかけた。

切り裂きジャック

1888年秋、ロンドンのイーストエンドで5人の娼婦が無残にも殺された。事件は10週にわたって発生し、しかもそのうち2件は同じ晩に起きていた。俗に切り裂きジャックと呼ばれたこの犯人は、まんまと捜査の手を逃れる。この事件は近代史初の連続殺人として知られ、その不気味でミステリアスな印象はいまだ異彩を放ち、切り裂きジャックの足取りをたどるウォーキング・ツアーは途切れることなく実施され続けている。切り裂きジャックの正体は謎に包まれているため、疑わしい人物や、隠蔽工作について、陰謀の噂は絶えない。なかでも突飛な説に、犯人は、王室一族の一人、ヴィクトリア女王の孫のクラレンス公アルバート・ヴィクター（1864～1892年）である、というのがある。彼の犯行は政府やロンドン警視庁の画策によって、闇に葬られたらしい。この説のほかにも、作家のルイス・キャロル（1832～1898年）やウォルター・シッカート（1860～1942年）が切り裂きジャックだったのではないか、という推理もある。しかしいまでは、いずれも“リッパロジスト（切り裂きジャック研究家）”や学者の分析により、ほとんど反証されている。

左：「切り裂きジャック」最後の事件。『ル・プチ・パリジャン』紙の挿絵より。信憑性のある説も突飛な説もさまざまあるが、犯人の正体はいまだにわからない。

索引

INDEX

ま

や〜わ

写真クレジット

IMAGE CREDIT

Image Credits: Courtesy of Bridgeman and © the following: 81 Private Collection/Look and Learn; Courtesy of Getty Images and © the following: 3 & 142 French School; 4 & 36 Popperfoto; 6 & 155 SuperStock; 35 John Wessels/AFP; 38 Mauricio Lima/AFP; 38–39 Roger Ressmeyer/Corbis Documentary/VCG; 54 Spaces Images/Blend Images; 57 Ulrich Baumgarten; 60 Paul Turner/Hulton Archive; 69 Chad Buchanan/Getty Images Europe; 70 Rykoff Collection/Corbis Historical; 73 VCG Wilson/Corbis Historical; 74, 85 Universal History Archive; 88 Alexander Memenov/AFP; 89 Natasja Weitsz; 90 Bryn Colton/Hulton Archive; 91 Roy Letkey/AFP; 93 Visual China Group; 94 Ted Thai/The LIFE Picture Collection; 110–111 Fine Art Images/Heritage Images/Hulton Fine Art Collection; 112 Prisma/PHAS/Universal Images Group; 114 Ann Ronan Pictures/Print Collector/Hulton Archive; 118, 123, 148, 176 Bettmann; 127 De Agostini Picture Library; 128, 130 Photo12/Universal Images Group; 129, 186 Hulton Archive; 133, 134 Fototeca Gilardi/Fototeca Storica Nazionale/ Hulton Archive; 136 Mansell/The LIFE Picture Collection; 137 The Print Collector/Hulton Archive; 141 G.DAGLI ORTI/De Agostini Picture Library; 146 The LIFE Picture Collection; 147 James Gass/EyeEm; 152 Rolls Press/Popperfoto; 153 Frank Hurley/New York Daily News Archive; 157 Tim Graham Photo Library; 162 Hulton-Deutsch Collection/Corbis Historical; 165 Corbis Historical; 171 Aamir Qureshi/AFP; 173 Hulton Archive/Archive Photos; 174 Stefano Bianchetti/Corbis Historical; 177 Michael Ochs Archives; 178 Time Life Pictures/ DMI/The LIFE Picture Collection; 179 Clarence Davis/NY Daily News; 180 Steve Granitz/WireImage; 181 NY Daily News; 184 Leo Mason/Popperfoto; 185 Independent Newspapers Ireland/Independent News And Media/Hulton Archive; 188 Stefano Bianchetti/Corbis Historical; Courtesy of and © Mary Evans Picture Library: 77, 116, 117, 145, 154; Courtesy of United States Department of Agriculture: 30; Courtesy of Shutterstock.com and © the following: 1 & 150, 28, 163 Everett Historical; 7 aapsky; 9 & 82 Roschetzky Photography; 10 Standret; 14 kojihirano; 15 SipaPhoto; 16 Howard Pimborough; 19 emperorcosar; 23 Michael Dorogovich; 24 Bernhard Staehli; 26 lavizzara; 31 Ezume Images; 40 stockphoto mania; 41 miker; 43 sirtravelalot; 44 aapsky; 49 ded pixto; 52 Africa Studio; 53 Peshkova; 58 shipfactory; 59 Kiattisak Lamchan; 62 Mariusz Matuszewski; 64, 66 Nosyrevy; 71 Joseph August; 78 Mark Van Scyoc; 88–89 Baturina Yuliya; 98 Evan El-Amin; 101 Vacclav; 102 Anna Ewa Bieniek; 104 nixki; 107 Francisco J. Ramos Gallego; 108 Robert CHG; 110 Eduardo Rivero; 126 Anton_Ivanov; 140–141Tom Grundy; 142–143Reinhold Leitner; 166 photosounds; 167 Lenscap Photography; 168 Dan Kosmayer; 170 Carolina K. Smith MD; 182 NPFire; 186–187Scisetti Alfio; © Rex/Shutterstock and the following: 8 Alan Davidson; 17 Sipa Press; 20 The Art Archive; 32, 34 Cultura; 63 Glasshouse Images; 65 Design Pics Inc; 75 New World/Kobal; 76 TODAY; 84 Tamara Beckwith; 86, 121, 156 Shutterstock; 97 Janine Wiedel; 100 Granger; 105 British Library/Robana; 122 Christies/Bournemouth News; 125 imageBROKER; 138 Gianni Dagli Orti; 140 Jonathan Hordle; 158 Associated Newspapers; 161 ANDY PARADISE; 164 KeystoneUSA-ZUMA; 169 David Magnus; 183 Evening News; 187 Universal History Archive; © Michael Kleiman, US Air Force/Wikimedia Commons: 25; © Mike Herbst/Wikimedia Commons/CC-BY-SA-2.0: 50.

「万物を見通す目」。これは、フリーメイソンとイルミナティの両方で極めて
重要とされているシンボルだ。しかし、その目は誰を見ているのか？